# 거꾸로
# 읽는
# 한국사

멸망으로 시작해서 건국으로 이어지는
5,000년 역사 이야기

# 거꾸로 읽는 한국사

**초판 1쇄 발행** 2025년 5월 15일

**지은이** 조경철, 조부용
**펴낸이** 김선식, 이주화

**기획편집** 이동현
**콘텐츠 개발팀** 이동현, 임지연
**콘텐츠 마케팅팀** 안주희
**디자인** STUDIO 보글

**펴낸곳** ㈜클랩북스 **출판등록** 2022년 5월 12일 제2022-000129호
**주소** 서울시 마포구 어울마당로3길 5, 201호
**전화** 02-332-5246 **팩스** 0504-255-5246
**이메일** clab22@clabbooks.com
**인스타그램** instagram.com/clabbooks
**페이스북** facebook.com/clabbooks

**ISBN** 979-11-93941-31-7 (03910)

㈜클랩북스는 독자 여러분의 책에 관한 아이디어와 원고 투고를 기다리고 있습니다.
책 출간을 원하시는 분은 이메일 clab22@clabbooks.com으로 간단한 개요와 취지, 연락처 등을 보내 주세요.
'지혜가 되는 이야기의 시작, 클랩북스'와 함께 꿈을 이루세요.

멸망으로 시작해서
건국으로 이어지는
5,000년 역사 이야기

# 거꾸로
# 읽는
# 한국사

조경철 · 조부용 지음

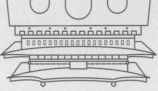

**"나라 잃은 백성은 무엇을 했을까?"**
**당신이 몰랐던 한국사의 결정적 장면들이 펼쳐진다!**

클랩북스

# 멸망 이후에도 끝나지 않았던
# 그들의 이야기에 주목하다

『거꾸로 읽는 한국사』는 무엇을 거꾸로 읽는 한국사일까요? 건국과 멸망이 순서대로 읽는 한국사라면 '멸망과 건국'은 거꾸로 읽는 한국사입니다. 한국사는 기원전 2333년 고조선부터 시작하여 2025년 오늘까지 이어져 왔습니다. 5,000년 역사 동안 건국과 멸망, 멸망과 건국이 끊임없이 반복되었습니다.

어떤 나라의 멸망에 관심을 갖게 된 계기는 고조선의 멸망과 대한제국의 멸망이 생각할 거리를 던져 주었기 때문입니다. 고조선의 멸망은 중국 한나라 한사군의 설치로 이어졌고, 대한제국의 멸망 이후에는 일제강점기가 시작되었습니다. 공교롭게도 둘 다 다른 나라에 의해 나라가 망하면서 멸망과 건국 사이에 단절이 있었습니다. 그러나 나라가 멸망하면 그것으로 끝일까요? 아닙니다. 망한 나라를 되찾으려는 사람들의 노력이 있었습니다. 백제가 멸망한 뒤 백제 부흥 운동이 있었고, 고구려가 멸망한 뒤 고구려 부흥 운동이 있었고, 대한제국이 멸망한 뒤 대한 부흥 운동이 있었습니다.

그럼 고조선이 멸망한 뒤에도 당연히 부흥 운동이 있었겠죠. 다만 기록으로 남아 있지 않을 뿐입니다. 하지만 기록이 전혀 없는 것은 아니었습니다. 고려시대 문신 이승휴가 쓴 『제왕운기』에는 고구려의 건국 연도를 기원전 37년으로 기록하기도 하지만 기원전 107년으로 볼 수 있는 대목이 있습니다. 그렇다면 고조선이 멸망한 연도가 기원전 108년이니 고조선의 멸망 이후 고구려의 건국이 이어졌다고 볼 수 있습니다.

1910년 대한제국은 일본이 강제로 체결한 한일합병조약으로 멸망했다고 합니다. 그렇지만 당시 사람들은 생각했을 것입니다. '문서에 도장을 찍었다고 이대로 나라가 끝나는 건가.' 그래서 1919년 3·1운동 때 외친 대한독립만세의 대한은 대한제국을 의미합니다. 만약 그런 3·1운동으로 나라를 되찾았다면 우리는 1910년에 대한제국이 멸망했다고 생각했을까요. 아니었을 것입니다. 그러므로 대한제국이 멸망한 후 일제강점기가 아닌 3·1운동과 대한민국임시정부의 수립으로 이어지는 게

받는 이에게 하나

맞다고 생각했습니다.

　이런 문제의식을 갖고 고조선의 멸망과 고구려의 건국부터 시작하여 대한제국의 멸망과 대한민국임시정부와 대한민국의 건국까지 '멸망'을 앞에 놓고 반만년 역사를 정리해 보았습니다. 이 책이 나오기까지는 많은 분의 도움이 있었습니다. 먼저 오늘의 나를 있게 해 준 나만의 당신 지현회에게 고마움을 전합니다. 떳떳하게 공부할 수 있게 용기도 주었습니다. 다음은 공동 저자이며 이 책의 모태가 된 뉴스레터 〈나만의 한국사 편지〉를 이끌어 온 첫째 조부용에게 고마움을 표합니다. 둘째 조부나와 셋째 조성현은 존재 그 자체로 든든한 힘이 되어 주었습니다. 마지막으로 이 책이 나올 수 있도록 배려해 주신 클랩북스 출판사와 편집을 맡아 주신 이동현 님에게 감사의 말씀을 드립니다.

낳으시고 길러 주신
아버지 조광훈 님과 어머니 박금례 님께 감사드리며
조경철 올림

# 나만의 시선으로
# 역사를 다시 바라보다

.

뉴스레터 〈나만의 한국사 편지〉를 구독해 주시는 여러분 반가워요. 이 뉴스레터는 2021년 초에 처음 꾸려져 발송되었는데요. 첫 번째 시리즈의 이름이 '멸망과 건국'이었어요.

『거꾸로 읽는 한국사』라는 책 제목을 보고 여러분은 가장 먼저 어떤 생각이 떠올랐나요? 한국사를 거꾸로 읽는다는 게 무슨 말일까요? 역사를 공부하려고 역사책을 펼쳐 보면 '고조선의 건국과 멸망', '고구려의 건국과 멸망'처럼 시간 순서대로 한 나라의 시작과 끝을 설명하고 있죠. 한 나라가 어떻게 세워졌고, 발전하여 부흥하다가 어떠한 쇠퇴 과정을 거쳐 무너졌는지를 알려 줘요. 현재 우리가 살고 있는 대한민국 땅에는 지금까지 수많은 나라가 존재했어요. 이 나라들은 각각 나름의 형태로 건국하고 멸망했어요. 5,000년의 우리 역사는 건국과 멸망의 연속이었죠.

건국과 멸망은 한 나라의 시작과 끝을 이야기해요. 고구려의 건국과 멸망은 고구려의 역사를, 조선의 건국과 멸망은 조선의 역사를 의미하죠. 그런데 여기서 두 단어의 순서만 바꿔 멸망을 서두에 두면, 앞선 나라와 이어지는 나라 사이의 '연결고리'가 생겨요. 고조선의 멸망과 고구려의 건국, 고구려의 멸망과 발해의 건국으로요. 그러니까 '멸망과 건국'은 앞선 나라의 멸망과 함께 뒤이은 나라의 건국을 자연스럽게 떠올리게 해요. 이렇게 두 단어의 순서만 거꾸로 뒤집었을 뿐인데 역사의 흐름이 느껴지는 연결된 이야기를 듣는 것 같죠.

'나'라는 한 사람의 역사를 바라볼 때도 마찬가지예요. 앞선 선택으로 우리는 다시 나아갈 동력을 얻어요. 위기의 순간 사람의 진가가 발휘된다고 하죠. 국가도 똑같아요. 찬란한 건국의 순간 이면에는 이 땅의 역사를 단절하지 않고 계승하고자 했던 이들의 여러 선택이 있었어요. 그것이 바로 우리의 역사가 끊어지지 않고 이어질 수 있었던 힘이었어요.

뉴스레터 〈나만의 한국사 편지〉는 역사학자 조경철이 오랫동안 나만의 시각으로 역사를 공부하고 쓴 책 『나만의 한국사』

를 읽은 콘텐츠 에디터 조부용으로부터 시작됐어요. 이 책에서 조부용은 교과서에서 읽었던 빤한 이야기가 아닌 처음 들어 보는 이야기를 읽게 되죠. 그러면서 역사를 공부하는 일은 정해진 정답을 단순히 암기하는 게 아니라는 점을 알게 돼요. 우리가 당연하게 알고 있는 역사에도 잘못 쓰인 부분이 있을 수 있으며, 그 역사가 선택받게 된 데에도 이유가 있었어요. 그래서 역사가 제시하는 여러 선택지 가운데 자신만의 시선을 갖추는 일이 중요해요.

그러면 이러한 사실을 역사학자만이 아니라 저와 같은 비전문가인 사람들도 일상에서 쉽게 접하며 고민해 볼 수 있어야 하지 않을까요. 대한민국 역사는 우리 모두의 것이니까요. 어느 날 메일함을 열었는데 고조선 시절의 이야기가 와 있다면 너무 이상하고 뜬금없지만 재미있지 않을까요? 어느 누가 출근하는 아침에 갑자기 신라의 멸망을 곱씹어 보겠어요!

그렇게 『나만의 한국사』에 담긴 내용을 '편지'로 만들어 뉴스레터 〈나만의 한국사 편지〉가 탄생했어요. 트렌드를 빛의 속도로 쫓는 뉴스레터가 가득한 메일함에 전혀 다른 시간 감각을 지닌 편지 한 통이 여러분에게 도착해요. 역사학자 조경철이 이야기를 쓰면, 집배원 부 조부용이 다듬어 구독자들에게 보내

받는 이에게 둘

요. 두 사람은 아버지와 딸로, 조부용이 태어나면서부터 '역사'
로 얽힐 수밖에 없었어요. 역사학자인 아버지한테서 역사를 별
로 안 좋아했던 딸이 태어나 자란 것이죠. 훗날 딸은 글을 만지
는 사람이 되어 각자가 지나온 직업의 역사를 거름 삼아 한국
사 뉴스레터를 함께 만들었어요. 그렇게 벌써 5년째 뉴스레터
를 발행하고 있으니 인생이란 정말 예측 불가네요.

『거꾸로 읽는 한국사』는 총 열두 통의 편지로 보냈던 내용을
바탕으로 이야기를 보태 완성했어요. 이 책을 계기로 여러분의
마음속 깊숙이 남아 있던 역사의 불씨가 되살아나길 바라요.


2025년 어느 날

집배원 부 드림

# 목차

첫 번째 편지
_____

# 고조선의 멸망과
# 고구려의 건국

어떤 멸망은 자랑스럽다

## 집배원 부의 여는 말

『거꾸로 읽는 한국사』 첫 번째 편지가 도착했어요. 다른 역사책들과 다르게 이 책은 나라가 망하는 이야기부터 시작해요. 모든 이야기에는 결말이 있죠. 그런데 어떨 때는 결말 다음의 이야기가 더 궁금하기도 해요. 해피엔딩이면 정말 이후에도 계속 행복했을까, 새드엔딩이면 정말 슬프기만 했을까 상상하죠. 나라의 마지막도 비슷해요. 멸망은 겉으로 보면 비극이죠. 그러면 비극 그다음은요? 앞으로 만날 열두 통의 편지는 모두 결말에 찍힌 마침표 다음에 물음표를 덧붙이며 시작해요. "나라의 멸망은 과연 무엇을 남겼을까요?" 최초의 국가 고조선부터 알아보죠.

첫 번째 편지

# 가장 오래된 조선,
# 고조선

우리나라 역사상 처음 멸망한 나라는 고조선입니다. 고조선은 단군이 처음 세운 나라죠. 그런데 단군이 나라를 세우며 지은 이름은 그냥 '조선'이었습니다. 그러면 나중에 이성계가 세운 나라 조선과 구분하기 위해서 앞에 '옛 고古' 자를 붙여 고조선이라고 부르는 걸까요? 그러나 단군의 조선은 훗날 이성계가 조선을 세우기 전부터 '고조선'이라 불리었다고 합니다.

고려시대 승려 일연이 편찬한『삼국유사』를 보면 '고조선<sup>왕검</sup><sup>조선</sup>'이란 항목이 있습니다. 당시에 사람들이 알던 조선은 단군

위에서 아래로 고조선古朝鮮, 왕검조선王儉朝鮮이라고 적혀 있다.

의 단군조선, 기자의 기자조선, 위만의 위만조선이었습니다. 그 가운데 가장 오래된 단군조선을 '고조선'이라고 부르고 있죠. 기자는 중국에서 건너와 단군조선을 이어받아 기자조선을 세운 인물이라고 합니다. 하지만 조선시대까지만 기자조선의 실재를 인정했고 지금은 인정하지 않는 편입니다.

그리고 위만의 손자가 바로 고조선의 마지막 왕인 우거였습니다. 당시는 중국 한나라에서 사람들이 망명해 오면서 국력이 강건하던 때였습니다. 인근 나라들 사이에서 중계무역을 적극적으로 하여 큰 이득을 얻었습니다. 강대국인 한나라와의 관계에서도 밀리는 분위기가 아니었죠. 이런 상황에서 한나라는 고조선을 어떻게 생각했을까요? 당연히 견제의 대상으로 여겼습니다. 더군다나 한나라가 가장 경계했던 북방의 유목민인 흉노는 고조선과 손잡고 한나라를 견제하고 있었죠. 한나라와 흉노는 오랫동안 패권을 다퉈 온 사이였습니다.

결국 제7대 황제 한무제 때 일이 납니다. 한나라는 흉노를 막북漢北, 고비사막 북쪽으로 몰아내는 데는 성공했으나 그들의 기세를 완전히 꺾진 못했습니다. 이에 한나라는 고조선을 멸망시켜 흉노를 고립시키는 방법을 선택하기로 합니다.

# 항복 대신
# 죽음을 택한 우거왕

기원전 109년, 한무제는 고조선을 공격했습니다. 그런데 고조선이 만만치 않게 버팁니다. 빨리 끝날 줄 알았던 전쟁은 해를 넘겨 기원전 108년까지 이어졌습니다. 한무제가 금방 항복하지 않는 우거왕을 꾸짖는 글을 사신 섭하의 손에 보냈으나 끄떡하지 않았죠. 오히려 섭하가 한나라로 돌아가는 길에 비왕裨王, 위만조선에서 왕의 최측근 역할을 한 관직 장을 죽인 것에 대한 보복으로 군사를 보내 그를 죽였습니다.

이 사건을 빌미로 한무제는 본격적으로 고조선 공격을 개시했습니다. 수군을 이끈 대장은 양복이었고, 육군은 순체가 이끌었습니다. 그러나 두 사람은 손발이 맞긴커녕 전쟁에서 자기가 더 큰 공을 세우려는 데에만 몰두하고 있었습니다. 고조선은 이러한 상황을 알아채고 둘의 경쟁심을 부추기는 전술을 펼쳐 한나라를 막아 냈습니다.

예상과 달리 일이 심상치 않게 돌아가자 한무제는 일단 신하 위산을 보내 고조선에 화친을 제안합니다. 이에 우거왕은 항복하는 척 한나라에 태자를 보냅니다. 태자는 1만 명의 군사를 이끌고 길을 떠나 국경선에 이르자 위산과 대치했습니다. 그는 태자에게 군대를 두고 넘어오라고 요구했습니다. 그러나 의심을 거둘 수 없던 태자는 위산의 제안을 거절하며 결국 화친은 결렬됩니다.

한편 한무제는 문제를 일으키는 양복과 순체를 감독할 다른 장수 공손수를 보내 공격의 고삐를 조였습니다. 전쟁은 쉬이 끝나지 않았습니다. 고조선 내부에서도 이제 그만 항복하자는 무리들이 생겨날 정도로 지쳐 있던 상황이었죠. 그렇게 한나라에 맞서 버티고 버티던 고조선은 끝내 한나라와 내통한 내부 세력에 의해 우거왕이 피살되면서 멸망하게 됩니다.

우리나라 역사에는 여러 멸망의 모습이 있습니다. 그러나 왕이 죽음으로써 나라가 망한 경우는 우거왕의 고조선이 유일합니다. 그는 죽기 직전까지 어떻게든 나라를 지키려고 애썼습니다. 그렇기에 우거왕이 죽은 이후에도 고조선은 바로 항복하지 않았던 것입니다. 충신이었던 성기成己는 우거왕의 뜻을 이어받아 끝까지 나라를 지키려고 노력했습니다.

> 원봉 3년기원전 108년 여름, 니계상尼谿相 참參이 사람을 시켜 조선 왕 우거를 죽이고 항복했다. 그래도 왕검성은 함락되지 않았다. 우거왕의 대신大臣 성기가 버텼다. 그러자 우거왕의 아들 장과 항복한 재상 노인의 아들 최가 또 사람을 시켜 성기를 죽였다.
>
> —『사기』 권115 「조선열전」 제55

그런 우거왕은 나라를 지키지 못했어도 훗날 칭송받는 왕이 되었지만, 정작 고조선 – 한나라 전쟁에서 승리한 한무제의 장수들은 냉혹한 평가를 받고 있습니다. 위청과 곽거병이 흉노족을 무찌른 공으로 중국 역사에 이름을 남긴 것과 달리 고조선과 싸웠던 장수들은 끝이 좋지 못했습니다. 공손수와 순체는 이름을 남기긴커녕 공을 다투다 주살됐고, 양복 또한 상의 없이 멋대로 공격했다는 죄로 죽임을 당할 뻔했습니다.

# 한사군이 아닌
# 고구려로

고조선이 멸망한 자리에 한무제는 일종의 식민지 성격의 행정구역인 한사군을 설치했습니다. 한사군은 낙랑, 임둔, 진번, 현도에 설치한 4개의 군현입니다. 우리가 배웠던 교과서의 내용을 떠올려 보세요. 고조선이 멸망한 후 바로 다음 페이지에서 한사군이 세워지는 이야기를 배웠죠. 고조선이 기원전 108년에 멸망하였고, 낙랑군이 기원전 108년에 세워졌으니 순서상으로 자연스러워 보입니다.

그러나 고조선이 멸망한 뒤 곧바로 한무제가 낙랑군을 설치했다는 이야기로 넘어가는 것은 우리 역사가 단절되었다는 인상을 줍니다. 만약 낙랑군 설치 대신 고구려의 건국으로 이어진다면 어떨까요? 비록 고조선이라는 나라는 멸망했지만, 명맥을 이어 그 뜻을 계승하였고 결국 고구려 건국까지 닿았다는 나라와 나라를 연결하는 고리에 주목할 수 있게 됩니다.

물론 고구려의 건국 연도가 언제인지를 두고 학계에서는 여러 의견이 오갑니다. 통설로는 고려시대 역사서 『삼국사기』1145년의 기년으로 기원전 37년으로 알려져 있습니다. 그러나 여기서 『삼국사기』의 한 대목을 주의 깊게 읽어 보시길 바랍니다.

함형咸亨 원년670년 경오 가을 8월 1일 신축에, 신라 왕이 고구려의 후계자 안승에게 명을 내린다. 공의 태조 중모왕주몽은 덕을 산처럼 쌓고, 공을 남쪽 바다만큼 세워, 위엄 있는 풍모가 청구青丘에 떨쳤으며, 어진 가르침이 현토玄菟를 덮었다. 자손이 서로 이어져 뿌리와 줄기가 끊어지지 않았고, 땅은 천리千里, 햇수는 거의 800년이나 되었다. 건建, 산産 형제에 이르러 화禍가 병풍 안에서 일어나고, 골육骨肉 간에 틈이 생겨나, 집안과 나라가 깨져 없어지고, 종묘와 사직이 흔적도 없이 사라졌으며, 살아 있는 사람들은 혼란에 휩싸여 마음 둘 곳이 없게 되었다.

―『삼국사기』 권 제6 「신라본기 제6」 문무왕 10년 7월

신라 문무왕이 670년에 고구려의 왕족 안승을 고구려의 왕으로 임명하는 듯한 모양새를 취했던 일을 기록한 대목입니다. 문무왕은 주몽으로부터 이어진 고구려의 역사가 800년에 이른다고 이야기하고 있습니다. 이 기록을 근거로 계산해 보면 고구려의 건국 연대는 대략 기원전 2세기가 됩니다. 통설인 기원전 37년과 다르죠. 문무왕에 따르면 고구려는 우리가 알고 있는 것보다 100년 이상 앞서 세워졌다는 것입니다.

고려시대 문신 이승휴가 쓴 역사서 『제왕운기』1287년, 충렬왕 13년는 고구려의 건국 연도를 기원전 37년으로 보면서도, 한편으로는 기원전 2세기, 정확히 기원전 107년이라고 쓰인 기록도 있습니다. 이는 문무왕이 말한 시기와 맞아떨어지죠.

그동안 이 기록은 주목받지 못했는데 판본 문제 때문이었습니다. 고려시대 판본에는 백제 건국을 기원전 18년이라고 말하며 신라가 건국한 지 40년, 고구려가 건국한 지 90九十, 구십년이라고 적혀 있는데, 조선시대 판본에는 九十이 덧칠되어 十九로 보이기도 해서 판단하기 어려웠던 것입니다.

조선시대에는 九十이 잘못 기록되었다고 판단하여 덧칠한 모양인데, 지금 우리는 고려시대 판본에 쓰인 九十을 다시 살펴볼 필요가 있습니다. 백제를 건국한 기원전 18년에 고구려

고려시대1360년 판본과 달리 조선시대1417년 판본에는 九十에 덧칠되어 있다.

가 건국된 지 90년이라면, 역으로 추적했을 때 기원전 107년이라는 건국 연도가 나옵니다. 기원전 107년은 고조선이 멸망했던 기원전 108년의 바로 다음 해로 고조선의 멸망 연도와 맞물리죠.

이렇게 이승휴가 『제왕운기』에 과거 고구려의 역사를 남길 수 있었던 것은 발해 덕분이었습니다. 발해가 멸망할 때 세자 대광현이 수만의 무리를 이끌고 고려에 귀부했는데, 이때 고구려와 발해에 대한 역사책을 들고 왔을 것이라고 추측하기 때문입니다. 바로 대광현처럼 나라가 멸망하는 순간에도 자국의 역사를 소중히 여겼던 사람들이 있었기에 지금까지 우리 역사가 남아 전해지고 있는 게 아닐까요.

# 계승의 시작,
# 고조선의 멸망

고조선의 마지막 왕 우거왕과 그의 신하 성기가 목숨을 바쳐 한나라와 싸우던 상황을 머릿속에 그려 보세요. 끝까지 나라를 포기하지 않는 지도자의 모습을 보는 백성들은 어떤 생각을 했을까요? 분명 아직 내 나라가 망하지 않았다고 생각했을 것입니다. 나라의 끝이 서류에 도장을 찍으면 바로 권리가 넘어가는 식의 것이 아니니까요. 그래서 다시 어떻게든 이 나라를 부흥시키려는 움직임이 일어났을 것입니다.

그래서 고구려 건국 연도를 기원전 107년으로 보는 일은 고조선의 명맥을 이으려던 이러한 움직임에 주목하는 일이기도 합니다. 역대 왕조를 간략 연표로 정리한 『삼국유사』 「왕력王曆」에는 고구려를 건국한 주몽이 단군의 아들이라고 적혀 있습니다. 고구려가 고조선을 계승하여 세운 나라임을 명시하는 부분이죠.

우리는 지금까지 아무 의심 없이 고조선 멸망 후 한사군이 설치되었다고 배워 왔습니다. 그러나 고조선 멸망 후 곧이어 고구려가 건국되었다는 사실을 새롭게 알게 된다면, 우리는 고조선의 멸망을 단절이 아닌 '계승'의 시작으로 다시 바라볼 수 있습니다.

독립운동가 박은식1859~1925년이 1915년에 저술한 『한국통사』에는 이런 말이 나옵니다.


國史不亡 其國不亡

국사불망 기국불망

역사가 망하지 않으면, 그 나라는 망하지 않는다.

— 『한국통사』, 박은식


그리고 중국의 사상가 강유위1858~1927년는 『한국통사』에 다음과 같은 서문을 써 주었습니다.


이제 『한국통사』를 읽어 보니, 망한 나라가 반드시 거치게 되는 과정이 더욱 선명하게 나타나 있다. 스스로를 태백광노太白狂奴, 박은식의 별호라 부르는 이가 있었는데, 그는 한국의 남겨진 신하로서 절개가 높고, 학문이 풍부하며, 문체가 뛰어나고 웅건했다. 그는 고국이 망한 것을 슬퍼하면서 이 통사를 저술해 나라가 망한 슬픔을 표현했다. 나는 이 책을 읽으면서 흐르는 눈물을 주체할 수 없어 옷깃을 적시곤 했다. … 우리중국 국민들은 이 책을 읽고 우리나라의 장래 모습이 이처럼 되지 않을까 두려워하고 걱정해야 할 것이다. 나는 이 통사를 읽으면서 마음에 움직이는 바가 있어 먼저 분발하고자 한다.

— 『한국통사』, 박은식

중국의 강유위도 『한국통사』를 읽고 분발하지 않을 수 없다고 하는데, 하물며 우리가 멸망의 역사를 잊어서야 될까요. 우리 역사는 고조선의 멸망으로 단절되지 않았습니다. 고구려로 계승되었으며 지금까지 끊이지 않고 이어져 오고 있습니다.

우거왕은 한나라에 맞서 끝까지 고조선을 지키다가 죽음을 맞이했어요. 그의 죽음과 함께 고조선은 멸망했죠. 고조선 멸망 후 우리가 과거에 배웠던 일반적인 건국 연도에 따르면 한나라의 한사군이 설치되는데요. 그러나 이번 첫 번째 편지에서는 고려시대의 역사서『삼국사기』와『제왕운기』를 꼼꼼히 살피며 기원전 108년 고조선 멸망 이후 바로 다음 해인 기원전 107년에 고구려가 건국되었을 수도 있다는 새로운 사실을 제시했어요. 이로써 우리는 고조선이 망한 뒤에도 조국을 포기하지 않았던 선조들의 부흥 의지, 계승 의지를 새롭게 발견할 수 있었어요.

두 번째 편지

# 고구려의 멸망과
# 발해의 건국

나라를 잃은 백성은 무엇을 했을까

**집배원 부의 여는 말**

여러분은 '고구려' 하면 가장 먼저 무엇이 생각나나요? 흔히 강건하고 호방한 모습을 떠올릴 거예요. 우리나라 역사상 가장 드넓은 땅을 호령했던 나라였으니 당연해요. 그래서 '멸망'이라는 단어와 가장 동떨어지게 느껴지는 나라이기도 하죠. 하지만 고구려도 멸망을 피할 수 없었어요. 그토록 잘나가던 고구려가 어쩌다 무슨 일로 망하게 되었을까요? 강력했던 내 나라를 잃은 백성은 무엇을 했을까요?

두 번째 편지

# 강대국 고구려가
# 멸망한 이유

　고구려 말기를 주름잡았던 인물은 단연 연개소문이었습니다. 연개소문은 유력 가문의 장군 출신으로 정변을 일으켜 영류왕을 시해하고 보장왕을 왕으로 세워 실권을 장악했죠.

　연개소문에게는 3명의 아들이 있었습니다. 삼 형제는 권력 다툼을 벌이며 사이가 좋지 못했어요. 연개소문이 죽고 난 후 형제 간의 권력 다툼 중에 궁지에 몰린 장남 연남생은 당나라에 투항합니다. 당시 당나라는 1, 2차에 걸친 고구려와의 전쟁에서 연달아 패하며 잠시 숨을 고르던 중이었죠. 이에 당나라는 투항한 연남생을 앞세워 고구려의 수도 평양성을 공격했습니다. 둘째 연남건이 나서서 이를 막고자 하였으나 역부족이었습니다. 그런데도 연남건은 당나라와의 공방전을 한 달 가까이 끌고 갔습니다. 거의 패배가 확실한 상황에서도 항복하지 않는 연남건에게 반발한 승려 신성이 결국 당나라와 내통하여 성문을 열어 주면서 평양성은 668년에 함락되고 맙니다.

이것이 흔히 알려진 고구려 최후의 풍경입니다. 언뜻 보면 연개소문 아들들의 싸움으로 고구려가 막을 내리게 된 셈인데 다른 이유는 없었을까요? 세 아들의 권력 다툼이 세상을 호령하던 고구려가 멸망한 결정적인 이유였을까요?

고구려는 언제나 중국과의 싸움에서 자신감에 차 있었습니다. 중국이 공격해 올 때 고구려가 취했던 전략은 한결같았습니다. 중국이 고구려를 치면 고구려는 중국의 군량이 다 떨어질 때까지 성안에서 버티는 작전을 펼쳤습니다. 수나라도 당나라도 고구려를 공격하러 와서는 군량이 다 떨어져 발길을 돌렸었죠. 고구려 최초의 국상國相에 오르기도 했던 장수 명림답부는 한나라가 대규모 병력을 이끌고 고구려에 쳐들어왔을 때 이렇게 말했습니다.

지금 한나라 사람들은 1,000리나 군량을 옮겼기 때문에 오래 지탱하기 힘들 것입니다. 만약 우리가 해자를 깊이 파고 보루를 높이 쌓아 들판의 (곡식을) 비워 놓고 저들을 기다린다면, 저들은 반드시 한 달을 넘기지 못하고 굶주리고 곤궁해져 돌아갈 것입니다. (그때) 우리가 날랜 병사로 저들을 치면 뜻을 이룰 수 있을 것입니다.

—『삼국사기』 권 제16 「고구려본기 제4」 신대왕 8년 11월

그런데 군량 때문에 매번 져서 돌아가는 것도 한두 번이죠. 중국이라고 가만히 당하고만 있을 리 없습니다. 당나라는 전쟁에서 부족한 군량을 백제를 멸망시킨 신라로부터 조달받았습니다. 고구려는 상대의 식량이 다 떨어질 때까지 버티는 것이 전략이었는데 소용없어졌습니다. 결국 고구려는 668년에 스스로 성문을 열며 항복할 수밖에 없었습니다.

당시 고구려가 당나라를 물리치려면 백제에 지원군을 보내 어떻게든 백제의 멸망을 막았어야 했습니다. 백제가 멸망하자 당나라가 신라와 합세하여 고구려를 공격했기 때문입니다. 백제는 660년에 소정방의 당나라 군대와 김유신의 신라 군대의 연합 공격으로 멸망했어요. 그때 고구려가 백제에 군사를 보내 도와서 백제가 멸망하지 않았다면 고구려의 남쪽이 무방비 상

태가 되지 않았을 테고 고구려도 멸망하지 않았을 수도 있었던 것이죠.

# 나라를 되찾으려는
# 30년의 몸부림

교과서를 펼쳐 보면 고구려가 멸망한 다음에 신라의 삼국통일 이야기가 이어집니다. 그러나 나라와 나라 사이의 연속성을 강조하기 위해서는 고구려 멸망 후 '발해'의 건국을 배울 필요가 있습니다. 그런데 고구려가 668년에 멸망한 뒤 698년이 되어서야 발해가 건국되었으니 고구려의 멸망과 발해의 건국 사이에는 30년의 시차가 있습니다. 하지만 나라의 멸망 연도는 그저 연도일 뿐 이때 나라가 완전히 끝났다고 딱 잘라 말할 수 없습니다. 그래서 30년은 그저 공백기가 아니라 고구려가 발해로 계승되는 과정의 시간이었습니다.

당나라와 신라 연합군의 공격으로 고구려의 평양성이 무너졌고 마지막 왕 보장왕이 항복하며 고구려는 멸망했습니다. 그러나 나라는 백기를 들었을지 몰라도 고구려 사람들은 조국을 되찾기 위한 여러 운동을 전개했습니다. 고구려 부흥 운동의 선두에 선 인물은 장수 검모잠이었습니다. 검모잠은 왕족이었던 안승을 고구려의 다음 왕으로 옹립했습니다. 검모잠과 안승은 670년에 황해도 한성<sup>재령</sup>으로 가서 고구려를 다시 세웠습니다. 이때 신라에 도움을 요청합니다. 당시 문무왕은 안승을 고구려의 왕으로 인정하죠. 과거에 당나라와 연합해 고구려를 멸망시킨 신라가 갑자기 왜 고구려 재건국에 도움을 주었는지 의아하신가요?

당시 신라의 상황도 꽤나 복잡했습니다. 멸망한 고구려와 백제의 땅을 지배하는 문제로 당나라와 대립 중인 상황이었거든요. 그래서 신라는 이번에는 고구려 부흥 운동을 지원함으로써 당나라를 몰아내려고 한 것입니다.

그렇게 안승이 한성에 다시 세운 고구려는 674년까지 버텼습니다. 여기서 버텼다고 표현한 이유는 한성 고구려는 당나라로부터 끊임없이 그 존립을 위협받았기 때문입니다. 당나라에 밀린 안승은 신라의 땅이었던 전라북도 금마<sup>익산</sup>까지 내려왔고 그곳에 금마 고구려<sup>보덕국</sup>를 다시 세웠습니다. 이때 신라 문무왕이 안승을 보덕국의 왕으로 책봉한 것입니다.

신라에 멸망한 백제 역시 나라는 멸망했지만 백제 서북 지방을 중심으로 부흥 운동을 일으키고 있었습니다. 신라는 들불처럼 퍼지는 백제 부흥 운동 세력을 견제하고자 고구려 유민에게 신라의 땅을 내주었습니다. 겸사겸사 당나라도 견제하면서요. 그러나 시간이 흘러 백제 부흥 운동이 잠잠해지고 당나라와의 전쟁도 끝나면서 보덕국의 가치도 사라졌죠. 이에 신라는 683년 10월에 안승을 신라로 불러들여 소판 벼슬을 주고 김씨 성을 주었습니다. 이렇게 옛 고구려를 계승한 금마 고구려의 시대는 막을 내리는 듯했습니다.

그런데 그다음 해 684년 11월, 안승의 족자族子인 조카뻘 되는 대문大文 장군이 반란을 도모했습니다. 비록 붙잡혀 죽는 바람에 결과는 실패하였으나 반란의 영향력이 없진 않았습니다. 『삼국사기』「열전」을 보면 이 반란으로 신라의 당주幢主, 군대의 편성 단위인 당을 통솔하던 무관 벼슬였던 무관 핍실逼實과 황산벌싸움으로 이름을 알린 반굴 장군의 아들 무신 김영윤이 전사했다고 기록되어 있죠. 그렇게 반란은 실패했지만 남은 반란군 중 일부는 옛 고구려 땅으로 돌아가 고구려 부흥 운동을 이어 갔습니다.

그러면 나라를 잃은 백성이 이렇게 부흥 운동을 이끌 동안 보장왕은 무엇을 하고 있었을까요? 677년에 당나라에 잡혀간 보장왕은 요동의 책임자로 임명되었습니다. 고구려 유민이 벌이는 부흥 운동을 무마시키라는 의도였죠. 하지만 보장왕은 당나라의 뜻대로 움직이지 않고 말갈족과 손을 잡아 고구려를 다시 일으키려고도 하였으나 금방 발각되고 말았습니다. 끝내 보장왕은 척박한 사천성 공주로 유배되어 1년 만인 682년에 생을 마감했습니다.

고구려의 마지막 왕인 보장왕의 죽음은 멸망에 처한 다른 나라의 왕들이 보인 모습과 사뭇 달랐습니다. 백제의 마지막 왕인 의자왕은 당나라에 항복한 뒤 끌려가 그해 세상을 떠났습니다. 신라의 마지막 왕 경순왕은 고려 왕건에 항복하고 그의 딸과 혼인하며 여생을 마쳤습니다. 고려의 마지막 왕 공양왕은 이성계에게 나라를 넘겨주었습니다. 조선<sub>대한제국</sub>의 순종은 일본에 나라를 넘겼습니다. 이들에 비하면 보장왕은 망해 가는 나라를 다시 일으키기 위해 나름대로 노력을 하다가 죽음을 맞이한 왕이었던 것입니다.

많은 사람이 고구려의 멸망을 아쉬워합니다. 신라가 아니라 강한 군사력과 광대한 영토를 자랑했던 고구려가 삼국을 통일했다면 더 좋았을 것이라고 생각하죠. 하지만 800년이라는 긴 역사를 이어 온 고구려는 그 위상에 걸맞게 끝까지 최선을 다했습니다. 수나라와 당나라의 공격을 막아 내던 그들의 기상은 우리나라 역사의 자부심으로 여전히 살아 있습니다.

# 마침내 세워진
# 발해

보장왕의 고구려 부흥 운동이 실패로 끝나고, 그것에 연루된 사람들은 당나라의 여러 지방으로 뿔뿔이 흩어지게 됩니다. 당나라는 고구려 부흥 운동을 잠재우고자 고구려 유민을 영주 지방으로 이주시켰습니다. 고구려 유민은 그곳에 살고 있었던 말갈족과 상호 화합하며 지내게 되죠.

그런데 이 시기 거란족의 족장 이진충이 나서서 거란족의 독립을 선포하며 반란을 일으키는 일이 벌어집니다. 그러면서 영주 일대도 혼란에 빠졌습니다. 여황제 무측천이 이들을 제압하는 데 힘을 쏟느라 정신없는 틈을 타 대조영이 무리를 이끌고 일을 도모하기 시작한 것입니다. 대조영을 비롯한 고구려 유민과 말갈족은 동쪽으로 이동했습니다.

당나라는 이들에게 먼저 손을 뻗어 다시 당나라 체제 안으로 들어오도록 회유했습니다. 그러나 대조영과 말갈족 출신 무장 걸사비우가 이를 거부하자 당나라는 장수 이해고를 보내 공격했습니다. 당나라 군대의 추격이 계속되었으나 대조영이 천문령에서 대파하며 698년 동모산 인근에 '발해'를 세우게 됩니다.

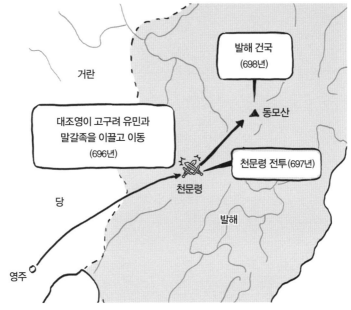

## 대조영의 발해 건국

발해 건국
(698년)

거란

▲ 동모산

대조영이 고구려 유민과
말갈족을 이끌고 이동
(696년)

천문령 전투 (697년)

당

천문령

발해

영주

고구려 유민과 말갈족을 이끈 대조영은 당나라 군대를 천문령에서 격파하고 동모산 인근에 발해를 건국한다.

동모산의 위치는 현재 중국 지린성 둔화시 부근으로 추정해 왔습니다. 그러나 2021년에 이곳이 아닌 다른 지역에서 발해 의 초기 유적이 발견되면서 동모산의 위치가 그곳이 아니었을 수도 있다는 가능성이 제기되었습니다. 이 이야기는 잠시 후에 좀 더 자세히 다루겠습니다.

# 주목받지 못했던
# 발해의 역사

  우리나라가 발해의 역사에 다시 주목한 일은 발해 건국 이후 아주 오랜 시간이 흐른 뒤였습니다. 1994년에 가수 서태지와 아이들이 〈발해를 꿈꾸며〉라는 노래를 발표하면서, 2006~2007년에 방영된 드라마 〈대조영〉이 큰 인기를 끌면서부터 사람들의 뇌리에 발해가 강렬하게 남게 되었습니다. 그전까지 발해는 우리 역사에서 많이 소외된 나라였습니다.

진정 나에겐 단 한 가지 내가 소망하는 게 있어

갈려진 땅의 친구들을 언제쯤 볼 수 있을까

망설일 시간에 우리를 잃어요

— 〈발해를 꿈꾸며〉, 서태지와 아이들


  선조들도 발해의 역사를 특별하게 생각하지 않았던 것 같습니다. 고구려를 계승하여 세워진 나라인데도 조선 후기에 이르러서야 본격적으로 우리 역사서에 기록되었거든요. 조선시대 실학자 유득공이 1784년에 쓴 『발해고』가 발해의 역사를 체계적으로 기록한 첫 역사서였습니다. 이후에도 발해는 한참을 주목받지 못했습니다. 고구려, 백제, 신라에 관해서는 건국신화까지 있을 정도로 적극적으로 역사를 남겼지만 발해는 아니었습니다. 발해의 건국신화는 알려진 게 하나도 없습니다.

발해의 역사에 관심을 두기 시작한 것은 나중 일이었습니다. 1980년대에 발해를 북국北國, 통일신라를 남국南國이라 칭하며 이를 아울러 '남북국시대'라는 표현을 사용하면서부터 발해사를 한국사로 적극적으로 생각하기 시작했습니다. 하지만 중국은 달랐습니다. 오랫동안 발해에 관심을 두며 꾸준히 역사를 기록해 왔습니다. 당나라의 역사서 『구당서』, 『신당서』에서 발해를 언급하고 있습니다. 중국은 중국사가 곧 세계사이고, 세계사가 곧 중국사라는 인식을 바탕으로 자국의 역사뿐 아니라 주변의 다른 국가 역사도 기록했는데요. 『삼국지』에 위, 오, 촉세 나라의 역사만 있는 게 아니라 부여, 고구려 등 우리 역사도 기록되어 있는 것을 보면 알 수 있습니다.

그런데 문제는 중국이 자국의 역사서에 기록한 조선, 부여, 고구려, 발해를 중국의 역사라고 주장한다는 점입니다. 중국에서 2019년 12월부터 발간한 단행본 시리즈 『동북고대방국속국사연구총서』에는 기씨조선, 위씨조선, 부여, 고구려, 발해를 방국方國, 중국의 지방정권, 속국屬國으로 규정하여 논란이 된 바 있습니다. 한국 역사를 중국 역사에 편입시키려는 중국의 동북공정에 우리나라는 『삼국사기』를 근거로 고구려의 역사는 명백히 한국 역사라고 반박하고 있습니다.

그런데 발해에 관해서는 근거로 내밀 만한 본격적인 우리 역사서가 없습니다. 우리가 자국 역사에 얼마나 오래전부터 관심을 가지고 기록해 두느냐의 중요성은 이렇게 수백수천 년이 지나 나타나기도 한답니다. 오늘날 우리가 고조선부터 대한민국에 이르는 역대 국가의 역사를 알 수 있는 것은 너무나 당연하게도 역사서에 기록을 남겼기 때문입니다.

단군조선부터 고려 말기까지의 역사를 기록한 『동국통감』으로 고조선이 기원전 2333년에 건국되었다는 사실을 알 수 있습니다. 고려시대 유학자 김부식이 완성한 『삼국사기』에는 삼국시대의 흥망성쇠를 전하며 신라는 기원전 57년, 고구려는 기원전 37년, 백제는 기원전 18년에 건국되었다고 쓰여 있습니다. 물론 그 연도를 비롯한 여러 이야기가 정확한지는 검토가 필요합니다. 그러나 역사서에 기록되어 있기에 대략으로나마 지금의 우리가 건국 연도를 추측할 수 있는 것입니다. 반대로 한 나라의 역사를 제대로 정리한 책이 거의 없다면, 이를테

면 발해사를 기록한 우리 역사서가 없는 현 상황에서는 발해사
를 중국사라고 주장하는 중국에 대응하기 어려울 수밖에 없는
것이죠.

## 고구려 부흥 운동으로
## 세워진 발해

　그러나 여러 역사서를 근거로 발해의 건국 연도를 추측해 볼
수는 있습니다. 우선 발해는 698년에 건국되었다고 알려져 있
는데, 이 연도는 우리나라 역사서에 근거한 것이 아닙니다. 9
세기 말에 편찬되었던 일본의 역사서『유취국사』와 당나라의
역사서『구당서』에 발해가 성력 연간에 자립하였다는 내용을
근거로 추론하여 정한 연도입니다. 성력이란 여황제 무측천 때
부터 쓰이기 시작한 연호로 성력 연간이란 698~699년까지의
기간을 의미합니다. 다행히 우리나라 역사서들에서도 단편적
으로나마 발해의 건국 연도를 찾을 수 있습니다.

『삼국사三國史, 삼국사기』에 이르기를 의봉 3년678년 고종高宗 무인戊寅
에 고려고구려의 남은 자손들이 한데 모여 북쪽 태백산 밑을 의지 삼

아 나라 이름을 발해라 하였다.

—『삼국유사』 권 제1 「기이 제1」 말갈과 발해

옛 고구려의 장수 대조영이 태백산 남쪽 성에 의거하여 주나라 측천 원년 갑신684년 나라를 열고 발해라 이름하였다.

—『제왕운기』 권하卷下

『삼국유사』는 발해의 건국을 678년, 『제왕운기』는 684년으로 다르게 기록하고 있습니다. 어떤 기록이 맞는지 좀 더 살펴볼 필요가 있겠습니다. 『삼국유사』가 인용한 『삼국사기』의 최치원 열전을 직접 찾아보았습니다.

(당나라는) 의봉 3년678년에 이르러 그 사람들고구려인을 하남과 농우隴右 지방으로 옮겼다.

—『삼국사기』 권 제46 「열전 제6」 최치원

인용된 원문을 살펴보면 최치원은 678년에 고구려의 무리가 하남과 농우로 옮겨졌다고 썼지, 그때 발해가 세워졌다고 쓰지는 않았습니다. 최치원은 발해가 건국한 해를 따로 언급하지 않았습니다. 그런데 이 내용을 『삼국유사』로 옮기면서 마치 678년에 발해가 건국된 것처럼 기록하였습니다. 즉, 『삼국유사』의 기록은 최치원의 말을 잘못 인용한 것입니다.

　다음으로 『제왕운기』의 기록을 검토해 볼까요. 『제왕운기』에는 발해의 건국 연도가 684년으로 쓰여 있습니다. 이는 고구려를 계승하여 보덕국을 세운 검모잠과 안승의 활동을 인정하는 기록입니다. 684년까지 보덕국이 존속하며 벌어졌던 고구려 부흥 운동의 역사를 의미 있게 바라보고 그 연장선으로 세워진 나라가 발해임을 강조한 것입니다.

## 역사서별 발해의 건국 연도

| 역사서 | 『유취국사』 | 『구당서』 | 『삼국사기』 | 『삼국유사』 | 『제왕운기』 |
|---|---|---|---|---|---|
| 발해의 건국 연도 | 698년 | 698~699년 | 없음 | 678년 | 684년 |

　2021년 두만강 유역 중국 마반촌산성 유적지에서 발해 초기의 새로운 유물이 발견되었습니다. 앞서 설명했듯 그전까지는 발해의 건국 지역인 동모산의 위치를 지린성 둔화시로 추정해 왔는데요. 그런데 과거 고구려의 중심지와 더 가까운 곳에서 발해의 초기 유물이 발견된 것입니다. 이 발굴은 대조영이 발해를

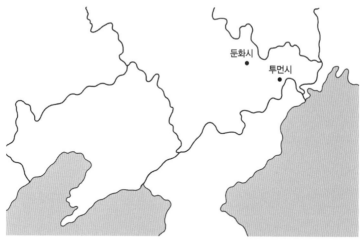

**발해의 건국지로 추정되는 두 곳**

둔화시
투먼시

기존의 지린성 둔화시보다 과거 고구려의 중심지와 더 가까운 마반촌산성 유적지<sup>지린성 투먼시</sup>에서 발해 초기의 유물이 발견되었다.

세운 698년 이전부터 이 근방에서 고구려 부흥 운동이 있었다는 근거가 될 수 있습니다. 그중 일부는 보덕국에서 넘어온 고구려 유민이었을 것입니다. 보덕국에서 넘어온 사람들과 그 지역에 이미 머물던 고구려 유민이 힘을 합쳐 684년에 발해를 세웠고, 나중에 대조영 세력에 합류하여 698년에 정식으로 나라를 세웠던 것입니다.

물론 『제왕운기』에 기록된 684년이 정확한 발해의 건국 연도가 맞는지에는 논란의 여지가 있습니다. 옛 고구려 영토에서 고구려 부흥 운동이 일어난 것은 맞지만 발해를 세우는 데 일조했던 여러 세력 중 일부가 내세운 건국 연도일 가능성도 있기 때문입니다.

이와 비슷한 일이 근현대에도 있었습니다. 대한민국의 건국 연도는 언제일까요? 국제법상으로는 이승만이 건국했던 1948년입니다. 그러나 한편에서는 김구 계열의 독립운동가들이 대한민국임시정부를 세운 연도인 1919년을 건국 연도로 보기도 합니다. 1948년과 1919년은 둘 다 의미 있는 대한민국 건국 연도입니다. 그렇다면 독립운동의 성과로 임시정부가 세워진 순간을 기억하듯이, 발해의 건국 연도인 684년 역시 일부 세력이 내세웠을지라도 기존의 698년과 함께 의미 있는 순간으로 기억해 보는 것도 좋지 않을까요.

1등이었던 나라의 자만심이 발목을 잡았네요. 백제의 멸망으로 당나라가 신라로부터 군량을 보급받을 수 있게 된 상황도 고구려를 휘청거리게 한 요인이었어요. 나당 연합군의 공격으로 멸망한 고구려. 그러나 마지막 왕인 보장왕을 비롯하여 고구려 부흥 세력은 끝까지 나라를 이어 가려고 노력했어요. 발해가 건국되기까지 그 노력은 필사적이었죠. 그리고 684년, 고구려 부흥 세력의 일부가 발해를 세우는 데 일조하면서 자연스럽게 새 나라가 들어섰어요. 자칫 당나라에 나라를 완전히 빼앗길 뻔한 상황에서도 우리 역사를 어떻게든 이어 가려던 나라였는데, 그동안 발해의 역사를 너무 소홀히 대했다는 생각이 드네요.

세 번째 편지

# 발해의 멸망과
# 고려의 건국

끊임없이 되살아나는 고려

**집배원 부의 여는 말**

여러분, 사극을 즐겨 보시나요? 아시다시피 우리나라 사극에서 모든 왕은 배우 최수종으로 통하죠. 그런데 역대 나라 이름에도 최수종처럼 통하는 대표 이름이 있어요. 바로 '고려'입니다. 주몽이 세운 고구려가, 궁예가 세운 후고구려가, 왕건이 세운 고려가, 심지어 발해까지 전부 다 나라 이름이 고려였다는 사실을 아시나요? 그러니까 광개토태왕이 고구려를 고려로 나라 이름을 바꾸고, 궁예가 후고려를 세우고, 이어서 왕건이 고려를 세웠다는 것이죠. 이게 대체 무슨 소리냐고요?

세 번째 편지

# 아직도 모르는
# 발해의 멸망 이유

대조영은 고구려 유민과 함께 발해를 세웠습니다. 대조영을 이어 발해를 이끈 제2대 왕은 누구였는지 아시나요? 아마 다음 왕까지 기억하시는 분은 거의 없을 겁니다. 대조영의 아들 대무예가 두 번째 왕 무왕입니다.

발해는 무왕의 명으로 장문휴 장군이 해군을 이끌고 당나라 등주를 공격하면서 승승장구하였습니다. 당나라와의 긴장 관계를 형성하면서 요동까지 세력을 확장했습니다. 중앙 정치 조직은 3성 6부를 기본으로 하고, 도읍인 상경을 포함하여 지역에 중경, 동경, 남경, 서경 등 5경을 두어 나라의 균형 발전을 도모하였습니다. 바다 건너 일본과의 외교도 활발히 하며 훗날 바다 동쪽의 융성한 나라, '해동성국海東盛國'이라 불리며 번성했죠. 이렇듯 군사적, 문화적으로 화려하게 꽃피우던 시기도 있었으나 926년에 발해는 거란의 침공을 받아 급작스럽게 멸망합니다.

발해가 무슨 이유로 어떻게 멸망했는지는 제대로 된 기록이 없어 아직 수수께끼로 남아 있습니다. 화산 폭발로 멸망했다는 믿기 어려운 설도 있습니다. 요나라의 역사서 『요서』에는 발해와의 전투를 두고 "싸우지도 않고 이겼다"라고 기록되어 있습니다. 마치 발해가 변변한 저항도 못 하고 멸망한 것처럼 보입니다. 그러나 이것으로 발해가 끝난 것은 아니었습니다. 발해가 멸망한 926년에 장령부, 안변부, 막힐부, 정리부, 남해부 등 발해 전역에서 부흥 운동이 일어났습니다. 하지만 이후 별다른 기록이 없다는 점을 보면 이들의 부흥 운동은 전부 실패로 끝난 것 같습니다.

그렇지만 929년과 930년 이후에도 '발해'라는 이름이 단편적으로 중국의 역사서 『구오대사』, 『송사』 등에 계속 등장하는 것을 보면 얼마 후 발해를 계승한 나라들이 생긴 것으로 보입

세 번째 편지

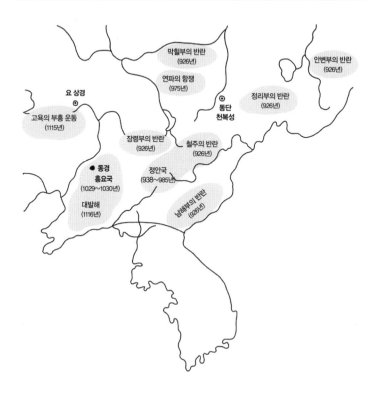

막힐부의 반란
(926년)

안변부의 반란
(926년)

연파의 항쟁
(975년)

정리부의 반란
(926년)

요 상경

동단
천복성

고욕의 부흥 운동
(1115년)

장령부의 반란
(926년)

철주의 반란
(926년)

동경
흥요국
(1029~1030년)

정안국
(938~985년)

대발해
(1116년)

남해부의 반란
(926년)

발해가 멸망하고부터 곧바로 전역에서 부흥 운동이 일어났다.

니다. 그중 '후발해'와 '정안국'이 있습니다. 후발해는 정말 존재했는지 여부부터 논란의 여지가 있지만, 정안국은 938년부터 985년까지 존속했다고 추정하고 있습니다. 이후 1029~1030년에 '흥요국', 1116년에 '대발해'가 세워졌습니다. 발해

발해의 멸망과 고려의 건국

는 926년에 멸망했지만 약 200년이나 계속 발해를 계승하고자 부흥 운동이 일어났던 것입니다. 그러나 발해를 계승한 나라들은 우리나라 역사로 편입되지 못한 채 요나라나 금나라에 멸망하였습니다.

# 서로 다른
# 발해의 멸망 연도

그렇다면 오늘날까지 발해 멸망 이후의 역사가 어떻게 우리나라 역사로 이어져 올 수 있었던 걸까요? 바로 마지막 왕 대인선의 아들 대광현이 수만 호戶, 1호당 약 5명의 사람들을 이끌고 고려에 귀부하면서 그 명맥을 이어 갈 수 있었습니다. 고려의 왕건은 대광현에게 '왕계王繼'라는 성과 이름을 하사했습니다. 대광현의 귀부로 정안국과 대발해의 유민은 고려에 터를 잡게 되죠. 실제로 중국의 역사서 『자치통감』에는 왕건이 고려와 발해는 "친척의 나라"라고 말했다는 기록이 쓰여 있습니다.

그런데 몇 권의 역사서에서 발해의 구체적인 멸망 연도를 다르게 기록하고 있습니다. 『요서』에 따르면 발해는 926년 1월 13일, 발해의 마지막 왕 대인선이 항복하며 멸망했다고 기록하고 있습니다. 하지만 고려시대의 『제왕운기』에는 발해가 925년에 멸망했다고 말합니다. 조선시대의 『고려사』에서 태조의 시기를 기록한 「태조세가」와 「연표」, 고려시대 전반을 편년체로 정리한 『고려사절요』에도 925년이라고 기록하고 있습니다. 중국과 다르게 고려시대와 조선시대에 쓰인 우리나라 기록들은 왜 발해의 멸망을 925년이라고 말하는 것일까요? 무엇이 맞는 연도일까요?

| 역사서별 발해의 멸망 연도 | | | | |
| --- | --- | --- | --- | --- |
| 역사서 | 『요서』 | 『제왕운기』 | 『고려사』 | 『고려사절요』 |
| 발해의 멸망 연도 | 926년 | 925년 | 925년 | 925년 |

926년은 발해가 거란에 멸망한 해이고, 925년은 발해의 마지막 세자 대광현이 고려에 귀부한 해입니다. 따라서 몇 년을 발해가 멸망한 해로 볼지는 선택에 달렸습니다. 다만 발해 유민이 고려로 귀부한 시점을 멸망한 해로 본다면, 이는 고려로 이어지는 발해 계승의 역사를 더욱 강조할 수 있습니다. 반대로 거란에 멸망한 시점으로 본다면 926년에 발해가 멸망한 것이겠죠.

# 고려 전에 존재했던
# 고려들

발해를 계승한 '고려'는 누가 언제 세운 나라일까요? 아마 대부분은 태조 왕건이 고려를 세웠다고 답하실 것입니다. 그러나 고려는 태조 왕건이 세우기 훨씬 이전부터 있었습니다. 『삼국유사』의 「왕력」에는 "고려 동명왕"이라고 쓰인 부분이 있습니다. 여기서 동명왕은 주몽을 말합니다. 고구려 때 만들어진 것으로 추정되는 충주 고구려비에는 자국의 왕을 "고려 태왕"이

**충주 고구려비**

고구려의 왕을 "고려 태왕"이라고 지칭하고 있다. 충주 고구려비 전시관에 전시되어 있다.

## 연가칠년명 금동불입상

불상의 광배에 고구려를 "고려국"이라고 적고 있다. 국립중앙박물관 불교조각실에 전시 중인 모습이다. 현재는 고구려실로 옮겨졌다.

라고 지칭하고 있습니다. 그리고 연가칠년명 금동불입상에도 고구려를 "고려국"이라고 적고 있습니다. 일본에서 가장 오래된 역사서 『일본서기』에도 고구려를 "고려"라고 쓰고 있습니다. 안승이 세웠던 보덕국도 "고려"라고 쓰고 있죠.

이렇게 고구려의 유물들과 역사서에 고구려를 '고려'로 언급된 사례가 많습니다. 대략 4~5세기 때 이미 나라 이름을 고구려에서 '고려'로 바꾸었던 것으로 추측하고 있습니다. 광개토태왕 혹은 장수왕 무렵이었을 것으로 추정합니다. 당시에는 고구려보다 고려라는 이름이 더 쓰였던 것 같습니다.

일본의 역사서『속일본기』에는 발해의 왕을 "고려 국왕"이라고 부르기도 했습니다. 일본의 목간木簡 중에는 발해로 보낸 사신을 "견고려사遣高麗使"라고 칭해 적은 것이 있습니다. 고려에 보낸 사신이라는 뜻이죠. 이 말인즉슨 일본에서 발해를 고려라고 불렀다는 것입니다.

사실 존속했던 대부분의 시간 동안 고구려가 '고려'로 불렸었다니! 그렇다면 궁예가 고구려를 이어 세운 후고구려는 대

**견고려사 목간 복제품**

**견고려사 목간**
Wooden Slip of Kenkoraishi

이 목간은 고대 일본의 궁성이었던 헤이조 궁(平城宮) 터에서 출토되었다. 길이 24.8cm, 너비 2cm, 두께 0.4cm인 목간에 모두 22자가 적혀 있다. 여기서 고려는 발해를 가리키며, 이는 당시 일본에서 발해를 고려라고 부르고 있었다는 것을 실증하는 가장 오래되고 귀중한 사료이다. 뿐만 아니라 일본이 발해가 고구려를 계승한 나라임을 인정했다는 사실도 말해 준다.

依遣高麗使廻來天平寶字
二年十月廿八日進二階敍

"고려(발해)에 파견된 사절이 사명을 완수하고 귀국하였으므로 덴표호지 2년(758) 10월 28일에 위계를 두 개 올린다."

발해로 보낸 사신을 "견고려사"라고 적고 있다. 국립중앙박물관 발해실에 전시되어 있다.

체 무엇일까요? 우리는 교과서로 왕건이 고려를 세우기 전 궁예가 후고구려를 세웠다고 배웠습니다. 그러나 궁예가 세운 나라의 이름은 사실 고려였습니다. 우리가 배운 후고구려는 20세기에 붙여진 이름입니다. 옛 역사서들을 살펴보면 '후고구려'라는 나라 이름은 찾아볼 수 없습니다. 전부 궁예의 "후고려"라고 쓰여 있죠. 고구려가 바꾸었던 나라 이름 고려와 구분하기 위해 앞에 '뒤 후後' 자를 붙인 것입니다.

## 고려부터
## 코리아까지

한국사에서 '고려'라는 나라 이름의 역사는 아주 깁니다. 고구려, 발해, 궁예, 왕건이 모두 '고려'라는 이름을 사용했죠. 이 역사는 지금도 이어지고 있습니다. 대한민국의 영문 국호 'KOREA 코리아'는 '고려'와 발음이 흡사합니다. 고구려와 발해의 역사가 결코 중국의 역사가 아님을 이렇게 국호로도 강조하고 있는 것입니다.

중국의 『요서』는 발해가 926년 1월에 멸망했다고 전합니다. 반면 우리나라의 『제왕운기』와 『고려사』, 『고려사절요』는 925

년 12월에 멸망했다고 기록되어 있습니다. 무려 1,000년도 넘은 역사에서 고작 한 달 차이가 뭐 그리 중요하냐고 생각할 수도 있겠습니다. 그러나 이것은 발해 역사의 마지막 장을 거란에 의한 멸망으로 쓰느냐, 고려로 이어진 계승으로 쓰느냐의 중요한 문제입니다. 말마따나 한 달 차이가 무슨 큰 차이냐고 생각한다면 이왕 우리나라의 기록을 존중해 주는 편이 좋지 않을까요.

그래서 저는 주몽이 세운 가장 최초의 고려를 '전고려', 안승이 고구려 부흥 운동의 결실로 전라북도 금마에 내려가 세운 보덕국을 '남고려', 궁예가 세운 나라를 '후고려', 왕건이 세운 나라를 '고려'라고 이름 짓기를 제안합니다. 전고려 - 남고려 - 발해고려 - 후고려 - 고려 - 코리아로 국호가 이어지도록 말이죠. 좀 더 확실한 구분이 필요하다면 주몽고려 - 안승고려 - 발해고려 - 궁예고려 - 왕건고려 - 코리아로 써도 좋겠습니다.

발해의 세자 대광현은 왕건의 고려에 귀부했고, 이듬해 926년 거란에 발해는 멸망했어요. 그러나 대광현이 고려에 귀부한 925년을 발해의 멸망 연도로 보면 발해가 고려로 계승되었다는 사실을 강조할 수 있어요. 이는 우리나라 역사서인 『제왕운기』와 『고려사』, 『고려사절요』에도 기록되어 있는 연도예요. 그리고 '고려'라는 나라 이름의 유구한 역사도 새롭게 확인할 수 있었어요. 고구려가 고려로 나라 이름을 바꾸었고, 발해도 고려를 사용했죠. 궁예가 세운 나라도 고려, 왕건이 세운 나라도 고려였어요. 그리고 지금의 코리아까지. 이처럼 '고려'는 고구려와 발해의 역사가 중국이 아닌 대한민국의 역사임을 증명해 주는 중요한 나라 이름이에요.

# 나라를 주름잡았던
# 왕들의 공통점

앞선 편지들에서 우리는 고구려, 백제, 신라, 발해가 하강 곡선을 그리던 때를 살펴봤습니다. 그런데 나라에 '망亡'의 시절이 있었다는 건 그 앞에 '흥興'의 시절이 있었다는 말이죠. 고구려는 광개토태왕, 백제는 성왕, 신라는 진흥왕, 발해는 문왕 때그러했습니다.

그러면 나라를 주름잡던 이들에게서 찾을 수 있는 공통점이혹시 있을까요? 영토를 넓힌 것, 도읍을 옮긴 것? 이런 답들이가장 먼저 떠오를 건데요. 이제 국립중앙박물관에 전시 중인여러 유물을 살펴보며 이 나라들의 빛나는 시절도 잠시 돌아봅시다.

### 고구려의 광개토태왕릉비

고구려 광개토태왕은 요동을 정벌했고 북쪽으로는 중국, 남쪽으로는 백제, 바다 건너 왜에까지 기세를 떨쳤습니다. 그 위대한 업적이 바로 광개토태왕릉비에 새겨져 있죠. 광개토태왕릉비는 고구려의 부강함을 드러내는 대표적인 유물입니다. 현재 국립중앙박물관 고구려실에 대형 탁본 4개가 전시되어 있

**디지털 광개토태왕릉비**

광개토태왕의 업적이 적혀 있다. 벽면에 걸린 대형 탁본들도 보인다. 현재 4개의 탁본은 고구려실로 옮겨졌다.

습니다. 국내외에 몇 개 남아 있지 않은 아주 귀중한 탁본이죠.

## 백제의 대통사 기와

백제 성왕은 백제를 다시 부흥시켜 융성하게 만든 왕이었습니다. 유교 정치제도를 정비하였으며, 불교를 일으켰습니다. 웅진에서 사비로 천도를 단행하였고, 신라 진흥왕과 연합하여 고구려에 빼앗긴 한강 유역을 되찾기도 했습니다. 물론 한강 유역을 차지한 것은 한때였습니다. 얼마 후 신라가 고구려와 밀약하여 진흥왕에게 한강 유역을 빼앗겼고, 성왕은 관산성전투에서 전사하며 비운의 결말을 맞이했죠.

국립중앙박물관 백제실에는 성왕이 창건했던 대통사의 기와가 전시되어 있습니다. 기와 하단에는 "대통大通"이라는 글자가 선명하게 찍혀 있습니다. 대통사는 성왕이 아버지 무령왕의 명복을 빌고자 웅진에 세운 절입니다. '대통'은 중국 양무제의 연호이기도 하지만 부처님의 이름 '대통불'을 의미합니다. 그는 석가모니보다 수십 겁 전에 나타난 부처님입니다. 그의 이름으로 절을 지어 오래전부터 백제는 부처님의 나라였다는 사실을 강조한 것입니다.

추신 하나

## 공주 대통사의 기와

부여 부소산성에서 발굴되었다. 하단에 '대통'이라고 도장이 찍혀 있다. 현재 국립중앙박물관 백제실에 전시되어 있다.

### 신라의 북한산 진흥왕순수비

신라 진흥왕은 남쪽으로는 가야를 정복하고, 북쪽으로는 한강 유역을 차지하며 영토를 크게 넓혔습니다. 그의 한강 유역 차지는 중국과의 교류를 활발히 만들며 삼국통일의 기틀을 마련했죠. 국립중앙박물관 신라실에는 진흥왕의 한강 유역 점령을 기념하기 위해 세웠던 북한산 진흥왕순수비가 전시되어 있습니다. 원래 북한산 비봉에 있었으나 문화재 보호를 위해 국립중앙박물관으로 옮겼습니다. 비봉에는 현재 복제품이 세워져 있습니다.

진흥왕의 한강 유역 점령을 기념하기 위해 북한산 비봉에 세워졌다.

### 발해의 견고려사 목간

발해의 문왕은 대조영의 손자입니다. 아버지 무왕이 당나라 등주를 공격하는 등 외치에 치중하여 나라를 부강하게 만들었다면, 문왕은 내치에 힘쓰며 유교와 불교를 진흥시켰습니다. 넓은 영토를 효율적으로 다스리기 위해 중경, 상경, 동경 등으로 여러 차례 도읍을 옮겼으며, 훗날 발해가 '해동성국'으로 불리게 되는 데 큰 역할을 했습니다.

국립중앙박물관 발해실에는 고대 일본의 궁성이었던 헤이조 궁터에서 출토된 목간 복제품이 전시되어 있습니다. 앞서

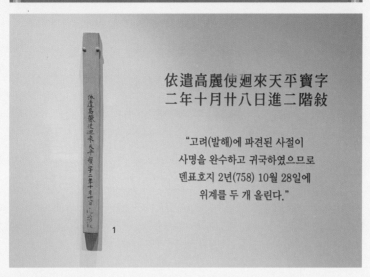

依遣高麗使廻來天平寶字
二年十月廿八日進二階敘

"고려(발해)에 파견된 사절이
사명을 완수하고 귀국하였으므로
덴표호지 2년(758) 10월 28일에
위계를 두 개 올린다."

고대 일본에서도 발해를 고구려를 계승한 나라로 인정하고 있다는 사실을 알 수 있다.

이 목간에는 발해로 보낸 사신을 '견고려사', 즉 고려에 보낸 사신이라고 칭한 내용이 담겨 있다고 설명했죠. 이 유물로 우리는 고대 일본에서도 발해를 고구려를 계승한 나라로 인정하고 있었다는 것을 알 수 있습니다.

### 불교의 나라를 꿈꾸다

고구려, 백제, 신라, 발해의 왕은 모두 국력을 키우기 위해 '불교'를 일으켰습니다. 백제 성왕은 대통사를 세웠고, 신라 진흥왕은 황룡사를 세웠습니다. 광개토태왕이 세운 절은 이름이 구체적으로 남아 있지는 않지만 평양에 9개의 절을 창건했습니다. 광개토태왕은 우리나라 역사상 최초로 연호를 사용했는데요. 연호는 '영락永樂'이었습니다. 불교에서 말하는 이상적 깨달음의 상태인 '열반영락涅槃永樂'에서 가져온 것으로 추측됩니다. 발해 문왕은 절을 창건했다는 직접적인 기록은 없으나, 그의 딸들 정효공주와 정혜공주의 무덤에서 나온 묘지명으로 문왕과 불교의 연관성을 발견할 수 있습니다. 묘지명에는 문왕을 '대흥보력효감금륜성법대왕大興寶曆孝感金輪聖法大王'이라고 칭합니다. '대흥大興'과 '보력寶曆'은 문왕의 연호들이며, '효감孝感'은 유교의 효, '금륜金輪'은 불교에서 말하는 이상국가를 실현한 전륜성왕이 굴리던 수레바퀴의 이름입니다.

　신화 속 전륜성왕처럼 역사상 가장 이상적인 왕의 모습을 한 이는 기원전 3세기 인도의 아소카왕이었습니다. 한자로는 아육왕阿育王, 줄여서 육왕이라고도 부릅니다. 인도를 통일한 아소카왕은 세계 곳곳에 8만 4,000개의 탑을 세웠다고 합니다. 그런데 『삼국유사』에는 요동에 육왕이 세웠던 탑의 터에 대한 기록이 있습니다. 고려고구려 성왕이 요동을 순시하다가 육왕탑의 터를 보고 감동하여 이곳에 새로 탑을 세웠다는 이야기입니

　추신 하나

다. 여기서 고려 '성왕'은 광개토태왕을 일컫습니다. 즉, 광개토태왕은 아소카왕에 이어 탑을 세우면서 자신을 전륜성왕에 비긴 것입니다. 그리고 전륜성왕을 줄여 '성왕'이라고 부르기도 하죠.

백제 '성왕'의 왕명도 전륜성왕을 일컫는 성왕을 그대로 가져온 것입니다. 물론 유교에서도 성왕은 이상적인 왕을 의미하지만, 그의 면목을 보았을 때 불교의 전륜성왕에서 가져온 왕명일 가능성이 높습니다. 성왕이 지은 대통사의 '대통' 역시 부처님 대통불을 가리키는 이름이라고 앞서 설명했죠. 불교의 경전『법화경』에는 석가모니의 계보가 '전륜성왕 – 대통불 – 석가모니'로 이어집니다. 그러니 성왕은 대통사를 지으며 자신을 대통불의 아버지 전륜성왕에 빗댄 것입니다.

신라 진흥왕은 아소카왕도 해내지 못한 일을 해냈습니다. 아소카왕은 장육불상을 조성하려고 했으나 성공하지 못했습니다. 장육불상은 부처님 크기의 불상으로 장은 10척<sup>약 3.03미터</sup>, 육은 6척<sup>약 1.8미터</sup>를 의미합니다. 총 크기는 대략 4.85미터가 됩니다. 아소카왕은 장육불상을 만들지 못하고 그 재료들만 배에 실어 바다에 띄워 보냈다고 합니다. 인연이 있는 곳에 닿아 불상이 완성되길 바라는 마음을 담아서요. 그 배는 바다를 떠돌다가 신라 땅에 정착합니다. 진흥왕이 황룡사를 짓고 있을 무렵이었죠. 진흥왕은 배가 정착한 동쪽 해변에 동쪽의 인도라는 뜻을 가진 동축사東竺寺를 세웁니다. 그리고 장육불상을 만들어 황룡사에 안치했습니다. 현재 경주 황룡사 금당터에는 장육불상을 받쳤을 것으로 추정되는 크기의 석조대석이 남아 있습니다.

또 진흥왕은 큰아들을 동륜, 작은아들을 사륜이라고 이름 지었습니다. 이는 전륜성왕이 금륜, 은륜, 동륜, 철륜사륜으로 이루어진 수레를 몰고 사방으로 불법을 전했다고 알려져 있기 때문입니다. 진흥왕은 아버지 법흥왕을 금륜, 자신을 은륜으로 칭하며 아들들의 이름을 동륜과 사륜으로 지은 것 같습니다. 첫째 아들 동륜은 태자일 때 죽어 둘째 아들 사륜이 진흥왕에 이어 왕위에 올랐는데, 그가 바로 무열왕 김춘추의 할아버지 진지왕입니다. 진흥왕은 전륜성왕처럼 불법을 널리 전파하고자 사방으로 영토를 넓혔던 것입니다.

바퀴를 사방으로 굴려 불법을 널리 전파한다는 의미의 전륜轉輪은 나라의 영토를 넓히는 일에 정당성을 부여했습니다. 삼국시대와 남북국시대 왕들은 모두 전륜성왕이 되길 바랐습니다. 그런 의미에서 고구려의 광개토태왕, 백제의 성왕, 신라의 진흥왕, 발해의 문왕은 각 나라를 대표하는 '전륜성왕'이라

추신 하나

고 할 수 있겠습니다.

이 편지를 읽고 여러분이 국립중앙박물관에 방문하신다면 네 가지 유물을 둘러보며 그들의 원대한 꿈을 몸소 느껴 보시길 바랍니다.

# 부처님 뒤에
# 새겨진 글자

　국립중앙박물관 전시실에는 눈길을 끄는 부처님 한 분이 계십니다. 크기는 작지만 눈길을 사로잡는데요. 눈꺼풀을 내리깐 채 고요히 자리 잡고 있는 부처님입니다. 살짝 구부러진 광배光背, 불상의 머리나 등 뒤로 떠오른 빛을 표현한 모양 아래로 그림자가 드리워져 있습니다. 고요하면서도 기품이 느껴지는 아름다운 유물입니다.

　이 유물은 '연가칠년명 금동불입상'입니다. 제작 연대를 추정할 수 있는 불상 중 가장 오래된 불상입니다. 앞모습의 아름다움도 주목할 만하지만 우리가 주의 깊게 살펴봐야 할 곳은 뒷모습입니다. 광배 뒷면에는 4행 47자의 글이 쓰여 있습니다.

광배 뒷면에 4행 47자의 글이 쓰여 있다.

延嘉七年歲在己未**高麗國**樂良

東寺主敬第子僧演師徒卌人共

造賢劫千佛流布第卄九因現義

佛比丘法穎所供養

연가 7년인 기미년 추정 539년 고려국 高麗國 낙랑 樂良, 평양에 있던 동사 東寺의 주지스님 경敬과 그 제자 승연 僧演을 비롯한 사도 40인이 함께 현겁천불 賢劫千佛을 조성하여 유포하기로 하였는데 (이 불상은) 제29 第卄九불인 인현의불 因現義佛로 비구 법영 法穎이 공양합니다.

부처님 뒤에 새겨진 글자

광배에 남아 있는 글에서 우리가 살펴볼 부분은 두 곳입니다. 먼저 고구려를 '고려국高麗國'이라고 표기하고 있는 부분입니다. 이는 고구려가 4~5세기 전후 광개토태왕과 장수왕이 집권한 시기에 나라 이름을 고구려에서 '고려'로 바꾸었음을 알려 줍니다.

두 번째로 살펴볼 부분은 '인囙' 자입니다. '연가칠년명 금동불입상'이라는 이름은 사실 후대에 붙여진 이름입니다. 광배에는 불상의 원래 이름인 '인현의불囙現義佛'이 쓰여 있습니다. 그런데 한동안 이 인현의불을 '회현의불回現義佛'로 읽어 왔다고 합니다. 광배에 적힌 '인囙' 자와 음, 뜻이 같으나 모양만 다른 한자가 '인囘' 자입니다. 그런데 이 자를 '회回' 자로 잘못 봤던 것입니다. '인囘' 자는 안쪽에 위치한 '구口' 자가 왼쪽에 달라붙어 '회回' 자와 획 하나만 다른 비슷한 형태라 착각했던 것이죠.

인현의불 앞에는 '제입구第卅九'라고 적혀 있습니다. 입卅은 이십을 뜻합니다. 1,000명의 부처님 이름을 적은 경전 『현겁경』에는 '스물아홉' 번째 부처님을 인현의불이라고 칭해 놓았는데요. 이 불상을 만든 사람들은 간절한 마음을 담아 『현겁경』에 나오는 1,000명의 부처님을 불상으로 만들고자 하였고, 이 불상이 그중 하나였던 것 같습니다.

연가칠년명 금동불입상은 한차례 도난을 당한 적이 있습니다. 1964년 국보로 지정되어 덕수궁 미술관에 전시 중이던 때였습니다. 1967년 10월 24일 오전, 순찰 중이던 경비원이 유물이 사라진 것을 알고 신고했습니다. 범인은 세계신기록을 세우기 위해 훔친다는 황당한 쪽지를 남겨 두었다고 합니다. 그러다 당일 밤늦게 전화로 "한강 다리에 숨겨 놓았으니 찾아가라"고 하였고 그 근방을 뒤진 끝에 되찾았다고 합니다. 이 황당한 사건은 누가 왜 어떻게 훔쳐 가서 다시 돌려주게 되었는지 아직도 미스터리로 남아 있습니다.

네 번째 편지

# 고려의 멸망과
# 조선의 건국

큰 나라 앞에 선 작은 나라의 선택

**집배원 부의 여는 말**

조선의 건국 이야기는 우리에게 아주 친숙해요. 고려 말 조선 초를 배경으로 한 사극도 많이 만들어졌고, 이성계와 정도전이 나라를 세우며 지은 경복궁이 서울 한복판에 남아 있기 때문이죠. 그러면 혹시 조선이라는 나라 이름에 대해 궁금증을 가져 본 적이 있나요? 조선은 어떻게 '조선'이라고 불리게 된 걸까요? 이 이름에는 이성계와 정도전이 새로이 문을 열고 싶었던 조선의 모습이 담겨 있어요. 사람들이 자주 오고 가는 경복궁 광화문 앞에 서서 조선이 세워지던 때의 모습을 상상해 봐요.

네 번째 편지

# 원치 않았던 왕위와
# 원치 않았던 죽음

고조선의 마지막 왕이었던 우거왕은 한나라에 끝까지 맞서 싸우다가 죽음을 맞이하였고, 고구려의 마지막 왕이었던 보장왕은 비록 당나라에 항복했지만 고구려 부흥 운동을 도모하다가 먼 곳으로 유배되어 생을 마감했습니다. 이들은 멸망을 앞둔 나라의 마지막 왕이었으나 그래도 긍정적으로 평가된 편입니다. 이번 편지에서는 고려의 마지막 왕이었던 공양왕에 대한 이야기를 전해 드리겠습니다. 그의 마지막은 어떠했을까요?

먼저 공양왕이 왕위에 올랐던 순간으로 거슬러 올라가 봅시다. 고려 말기에 나라의 실권을 꽉 잡고 있던 인물은 이성계와 정도전이었습니다. 그들은 제31대 공민왕의 아들인 우왕을 왕으로 인정하지 않았습니다. 우왕이 실제로 공민왕의 아들이 맞는지 문제를 제기하며 그가 승려 신돈의 자식이라고 주장하였습니다. 공민왕을 모시던 반야라는 여인을 신돈이 소개해 주었는데 신돈과 반야의 관계를 의심했던 것이죠.

훗날 이성계가 조선의 왕이 되면서 우왕은 신돈의 아들로 기록되었습니다. 그러나 이것이 정말 맞는지에 대해서는 의견이 분분합니다. 어쨌든 이성계와 정도전은 우왕을 신돈의 핏줄로 여겼으니 당연히 우왕의 아들인 창왕 또한 왕으로 인정하지 않고 반대했습니다.

왕의 명으로 이성계가 군사를 이끌고 요동 정벌을 위해 나섰다가 위화도에서 회군한 사건, 이른바 위화도회군으로 실권을 거머쥔 이성계와 정도전의 혁명 세력은 우왕과 창왕을 연달아 몰아냈습니다. 그리고 1389년에 왕요를 왕위에 앉혔는데, 그가 바로 제34대 공양왕입니다. 왕요는 제20대 신종의 7대손으로 왕위와는 거리가 먼 왕족이었습니다. 그러니 명분만 있는 허수아비 왕으로 내세우기 좋은 위치에 있었던 인물이었죠. 왕요는 자신이 왕이 될 것이라고는 꿈에도 생각하지 못했을 것입

네 번째 편지

니다. 그런 그가 왕위에 오른 순간부터 제 목숨을 건사하기도 어려운 상황에 놓였습니다. 고려 왕조가 끝나 가는 모습을 지켜보며 왕위의 무게를 느꼈을 것입니다.

왕요가 왕위에 오른 지 3년쯤 되는 1392년 6월, 공양왕은 이성계에게 잘 지내보자는 의미의 맹약인 '회맹會盟'의 예를 건의했습니다. 맹서에는 자신을 압박해 오는 상황에서 대대손손 서로 해치지 말 것을 하늘에 맹세하자는 내용이 담겼습니다.

경이 있지 않았다면 내가 어찌 이에 이를 수 있었겠는가? 경의 공과 덕을 내가 감히 잊을 수 있겠는가? 황천皇天이 위에 있고 후토后土가 곁에 있으니, 자손 대대로 서로 해함이 없을 것이다. 내가 경을 저버리는 일이 있을 경우에는 이 맹세와 같이 할 것이다.

─『고려사』권46 「세가」 권제46 공양왕 4년 7월 5일

내공양왕가 본디 임금이 되고 싶지 않았는데 여러 신하가 나를 강제로 왕으로 세웠습니다. 내가 성품이 불민不敏하여 사기事機를 알지 못하니 어찌 신하의 심정을 거스른 일이 없겠습니까?

─『조선왕조실록』「태조실록」 태조 1년 7월 17일

그러나 공양왕의 회맹은 받아들여지지 않았습니다. 결국 회맹을 제안한 지 불과 일주일 만에 공양왕은 억지로 왕이 된 것이라며 스스로 이성계에게 왕위를 넘겨주었습니다. 이성계는 천명이 있어야 제왕이 될 수 있다고 하면서 자신을 한참 낮추며 마지못해 신하들의 추대를 받아들입니다. 이것이 바로 고려 최후의 장면입니다.

예로부터 제왕帝王의 일어남은 천명天命이 있지 않으면 되지 않는다. 나이성계는 실로 덕德이 없는 사람인데 어찌 감히 이를 감당하겠는가? … 경卿들은 마땅히 각자가 마음과 힘을 합하여 덕이 적은 사람을 보좌하라.

— 『조선왕조실록』「태조실록」 태조 1년 7월 17일

하지만 3년이라는 공양왕의 짧은 재위 기간에도 나름 주목할 만한 사건은 있었습니다. 우리는 이성계가 조선을 건국하며 개경황해북도 개성에서 한양으로 천도했다고 배웠습니다. 그러나 이성계보다 먼저 고려 우왕과 공양왕이 한양으로 천도한 적이 있었습니다. 공양왕은 1390년 9월에 한양으로 천도했다가 이듬해 2월 개경으로 다시 환도하였습니다. 1년도 채 되지 않는 그의 짧은 한양 천도에 큰 의미가 없다고 생각할 수도 있습니다. 하지만 예나 지금이나 수도를 옮기는 일은 큰일입니다. 국가의 변화를 도모하거나 변수를 일으키고자 할 때 천도를 단행합니다. 공양왕이 한양 천도를 감행한 것은 힘없는 고려 왕조의 마지막 무대인 개경을 떠나 한양에서 변화를 도모해 보고자 했던 것일 수도 있습니다.

공양왕의 한양 천도와 이성계의 한양 천도에는 차이가 있습니다. 공양왕은 종묘와 사직을 개경에 남겨 두고 한양으로 천도했습니다. 한양에서 제석도량帝釋道場 등을 비롯한 법회의식을 자주 열었는데 천도 이후 고려를 불교 국가로 이어 가려던 의지로 보입니다. 반면 이성계는 달랐습니다. 한양에 종묘와 사직을 먼저 세우고 경복궁을 지음으로써 새로운 유교 국가를 만들고자 하였습니다. 종묘는 선왕의 위패를 모시는 사당, 사직은 토지와 곡식의 신을 가리키는 것으로 유교와 농업을 중시했던 조선의 근본을 상징합니다. 그러나 공양왕의 한양 천도는 고려를 지키지 못한 채 실패로 끝났습니다. 이성계에게 회맹을 제안했지만 곧 폐위당하며 왕위를 넘겨주었죠.

이후 공양왕은 삼척으로 유배된 지 2년 만에 고려를 되찾으려는 반란군에 의해 추대될 수도 있다는 이유로 죽임을 당합니다. 이성계는 공양왕을 살려 둘 수 없을 만큼 조선 건국에 자신감이 없었던 걸까요? 공양왕은 처음부터 이성계의 뜻으로 힘없이 왕위에 올랐습니다. 고조선의 우거왕이나 고구려의 보장왕처럼 외세에 맞서 영예롭게 마지막을 장식할 수 있는 상황이 아니었죠. 그렇다고 신라의 마지막 왕이었던 경순왕처럼 부귀영화를 누리지도 못했습니다. 원치 않게 왕위에 올라 나라가 멸망하는 모습을 지켜보다가 원치 않는 최후를 맞이한 왕이 공양왕입니다.

# 이성계가
# 군대를 돌린 이유

고려 멸망과 조선 건국의 분수령이 된 사건이라면 '위화도회군'을 빼놓을 수 없습니다. 요동 정벌에 나섰던 이성계가 위화도에서 군대를 돌려 돌아온 일을 말합니다. 그가 요동 정벌을 그만두고 돌아온 이유는 네 가지입니다.

① 작은 나라가 큰 나라를 거역할 수 없기 때문에
② 여름이기 때문에

③ 이 틈에 왜가 쳐들어올 수 있기 때문에

④ 장마철에는 활의 아교가 풀리기 때문에

이를 이성계의 '4불가론'이라고 부릅니다. 작은 나라가 큰 나라를 거역해서는 안 된다는 이유는 수긍이 됩니다. 전쟁 시 국력의 차이를 무시할 수는 없기 때문입니다. 다만 나머지 이유는 온갖 전쟁터에서 산전수전을 다 겪은 이성계를 생각하면 영 장수답지 못한 구석이 있습니다. 위화도에서 회군한 후 개경 가까이 돌아온 이성계는 휘하의 김완을 시켜 우왕에게 4불가론의 뜻을 담아 다음과 같은 글을 올렸습니다.

우리 현릉玄陵, 공민왕께서 지성으로 큰 나라를 섬기셨고, 천자도 일찍이 우리나라에 군사를 일으킬 뜻을 가지지 않았습니다. 지금 최영이 총재가 되어 조종祖宗 이래로 사대한 뜻을 생각하지 않고 먼저 대군을 일으켜서 장차 상국上國을 침범하려고 하였으니, 무더운 여름에 군사를 움직여서 삼한三韓이 농기를 잃었고, 왜노가 틈을 타서 깊이 침입해 노략질하며 우리 인민을 죽이고 우리 창고를 불태웠습니다.

─『고려사절요』 권33 「신우4」 우왕 14년 6월 1일

조상 대대로 이어 온 사대의 뜻을 받들지 않을 수 없다는 이성계의 글에 우왕은 이렇게 교서를 보냈습니다.

명을 받들어 국경을 나갔다가 이미 지휘를 어기고서 군사를 일으켜 대궐로 향하고 또한 강상을 범하였으니, 이러한 흔단에 이른 것은 진실로 보잘것없는 나에게서 비롯된 것이다. 그러나 군신의 큰 의리는 실로 고금에 통하는 법칙이다. 그대는 책 읽기를 좋아하면서 어찌 이를 알지 못하는가. 하물며 조종으로부터 물려받은 강역疆域, 한나라의 통치권이 미치는 지역을 어찌 쉽사리 남에게 넘겨줄 수 있겠는가.

—『고려사절요』 권33 「신우4」 우왕 14년 6월 1일

조상 대대로 이어 온 요동을 어찌 쉽사리 남에게 내줄 수 있냐는 것이 우왕의 답이었습니다. 한쪽은 조상 대대로 지켜 온 사대의 예를 주장하고 있고, 다른 한쪽은 조상 대대로 요동이 우리 땅이었음을 강조하고 있습니다.

그러나 이성계는 위화도에서 군대를 돌렸습니다. 1388년 5월의 일이었습니다. 왕의 명을 어긴 회군은 반역이나 다름없는 일이었습니다. 한 달이 채 되지 않은 6월 초, 이성계의 무리는 개경에서 고려와 첫 전투를 벌입니다. 이성계는 유만수를

네 번째 편지

한양도성의 8대문 중 하나인 숭인문으로 보내 진공하였으나 최영이 이들을 모두 물리쳤습니다. 사기가 떨어진 군대를 북돋으려고 이성계는 활을 꺼내 들어 100보 바깥의 작은 나무를 명중시킵니다. 이어 "어느 것에 쏴 볼까!" 하자 장졸들이 함성을 질렀습니다. "우리 장군을 모시고 어딘들 못 갈까!" 떨어졌던 사기는 다시 맹렬해졌습니다. 그 기세로 개경을 파죽지세로 함락하고 최영을 잡아 목을 벴습니다. 이후 새 나라는 일사천리로 세워졌습니다.

위화도회군 한 달 후인 1388년 6월, 명나라 황제 홍무제가 글을 보냅니다.

우리중국의 역대 왕조가 고려를 정벌했다. 국경을 침범하거나, 속으로 딴마음을 품었거나, 오만무례했거나, 요서를 침범했거나, 사대의 예를 행하지 않았거나, 신하가 임금을 죽였기 때문에 정벌했다. 한이 네 번, 위가 두 번, 진이 한 번, 수가 두 번, 요가 네 번, 원이 다섯 번 정벌했다. 이 모두 우리의 제왕들이 남의 나라를 정벌하기 좋아해서 그런 것이 아니라 모두 고려가 스스로 초래했기 때문이다.

—『고려사』 권137 「열전」 권제50 창왕 즉위년 6월

홍무제는 다시는 요동 정벌에 대해 꿈도 꾸지 말라는 의미를 담아 경고했습니다. 감히 작은 나라가 큰 나라를 거슬렀을 때 어떻게 되는지, 한나라부터 원나라까지 그동안 중국이 고려를 어떻게 응징하였는지 하나하나 예를 들면서요. 명나라의 고압적인 태도에 눈치를 볼 수밖에 없었습니다.

## 명나라가 지은 '조선'

그렇게 이성계는 고려의 마지막 왕을 몰아내고 새 나라 조선을 건국하게 됩니다. 그러면 '조선'이라는 나라 이름은 누가 지은 걸까요? 당연히 나라를 세운 이성계와 개국공신인 정도전이 지었을까요? 새로운 나라를 건국하는 데는 성공했지만 이름을 그들이 짓지는 않았습니다.

이성계는 명나라 황제에게 '조선'과 자신의 고향이었던 함경남도 '화령' 두 이름을 보내며 하나를 선택해 달라고 청했습니다. 그리고 명나라는 '조선'을 골랐습니다. 고조선 때 중국에서 건너와 단군조선을 이어받아 세웠다고 알려진 '기자조선'의 의미를 담아 조선을 골랐던 것 같습니다. 기자조선은 조선시대까지만 그 실체를 인정하고 현대에는 인정하지 않고 있는 나라 죠. 옛날 고조선 지역에 기자조선의 문화가 전해졌듯 이성계의 조선에도 기자조선의 문화가 다시 활짝 피길 바라며 골랐을 것입니다.

물론 우리는 '조선'이라는 나라 이름에 고조선과 단군조선을 잇는다는 의미가 담겨 있다고 배웠습니다. 그런데 정도전이 조선 왕조의 이념과 방향성을 정리한 『조선경국전』태조 3년, 1394년의 「국호」에는 다음과 같은 내용이 나옵니다.

> 옛날 주나라 무왕이 기자를 조선에 봉했듯, 지금 명나라 황제가 우리 왕이성계을 조선에 봉했다. 고구려, 백제, 신라 등의 국호는 자기 나름대로 지었기 때문에 정통 이름이 아니며 중국이 지어 준 조선만 정통이다.
>
> —『조선경국전』「국호」

한참 시간이 흐른 후 조선 후기 제21대 영조 때에도 나라 이름 조선이 기자조선에서 왔으며 명나라가 이름을 지어준 은혜에 대해 감사를 표하기도 했습니다. 명나라가 망하고 청나라가 실권을 잡던 때에도 말이죠.

# 큰 나라에 맞서 왔던
# 우리 역사

고조선이 멸망한 이래로 우리는 꾸준히 선진 문명이라 불리던 중국의 문명을 받아들였습니다. 하지만 우리 역사에서 가장 중국을 많이 닮았던 나라가 바로 조선입니다. 명나라가 망한 뒤에도 스스로 작은 중국, 소중화小中華라고 자부하며 중국이 되고자 하였습니다. 이성계는 요동을 정벌하는 일은 말이 안 되며, 위화도회군은 피치 못할 상황에서의 선택이었다고 말했습니다.

이러한 조선의 태도를 부정하는 것은 아닙니다. 그러나 우리는 조선 건국 이전에 우리보다 훨씬 큰 나라에 맞선 적이 있었습니다. 신라, 고구려, 백제, 고려 등의 나라 이름을 스스로 지어 오던 역사가 있으며, 발해는 고구려, 백제를 멸망시킨 당나라를 공격한 적도 있습니다.

당시 당나라는 발해를 압박하려고 발해 북쪽의 흑수말갈족을 충동질했습니다. 서로 간 긴장감이 높아진 상황에서 무왕은 장군 장문휴를 보내 바다 건너 중국 산둥반도의 등주를 공격하기까지 했습니다. 물론 군대를 금방 되돌리기는 했으나 우리 역사상 중국 본토를 공격했던 매우 이례적인 전투였습니다. 당나라는 발해의 기세에 당황했고 발해를 정식 국가로 인정했죠. 그때라고 과연 큰 나라에 맞서도 되냐는 논쟁이 없었을까요.

고려는 26년 동안 몽골에 맞섰습니다. 물론 몽골과의 전쟁에서 고려가 좀 더 일찌감치 항복했더라면 백성들의 피해는 줄었을 수 있습니다. 그러나 고려는 버틸 때까지 버텼습니다. 제23대 왕 고종은 세자훗날 원종를 몽골로 보내 항복의 예를 취했습니다. 세자를 맞이했던 몽골의 쿠빌라이 칸은 이런 말을 남겼습니다.

고려는 만 리나 떨어져 있는 나라이고, 당唐 태종太宗이 친히 정벌했으나 굴복시키지 못하였는데 지금 그 나라의 세자가 스스로 나에게 귀부해 오니 이것은 하늘의 뜻이다. … 고려란 나라는 우리가 점령한 다른 나라와 같지 않다. 앞으로 고려의 풍속은 그대로 유지하도록 하라.

—『고려사』 권25 「세가」 권제25 원종 원년 3월

고려의 국가 체제를 그대로 유지시킨다는 쿠빌라이 칸의 '불개토풍不改土風' 정책은 이후 몽골이 고려 조정에 과도하게 간섭하려고 할 때 맞설 수 있는 중요한 근거가 되었습니다. 작은 나라가 큰 나라를 섬겨야 하는 일은 국제 질서에서 당연하고도 냉혹한 현실입니다. 그러나 어린 코끼리를 말뚝에 매 놓으면 큰 코끼리가 되어도 그대로 매어 있을 수밖에 없습니다. 몽골의 침략을 받아 위기에 처했을 때 고려는 중국에 기대지 않고 단군의 정신을 고취시키며 고유의 정체성을 지키고자 했습니다.

물론 조선이 조선만의 정체성을 찾으려는 움직임이 없었던 것은 아닙니다. 세종대왕의 한글 창제가 대표적이죠. 당대 거의 모든 학자가 중국과 멀어질 것을 우려하여 한글 창제를 반대했습니다. 그러나 세종은 끝내 우리 고유의 글자 '한글'을 만들었습니다. 우리의 삶과 역사는 참 이상하고도 재미있습니다. 가장 중국을 닮고자 했던 조선에서 가장 고유한 문자 한글이 탄생했으니까요.

나라 이름만 놓고 볼 때 이성계가 건국한 조선은 여러모로 아쉽게 시작했어요. 명나라에서 기자조선의 문화가 조선에도 피어나길 바란다며 선택한 '조선'이라는 이름을 그대로 사용했으니까요. 조선은 이후에도 오랫동안 중국을 닮고자 했어요. 큰 나라 앞에 선 작은 나라의 어쩔 수 없는 운명이라고 하기에는 과거에 발해와 고려가 강대국에 작은 고추가 맵다는 걸 보여준 적이 있었어요. 무엇보다 아쉬운 점은 명나라가 기울어 갈 때도 사대를 했다는 점이에요. 그런데도 삶과 역사는 그리 단순하진 않나 봐요. 가장 중국을 닮고 싶어 했던 조선에서 우리의 정체성을 가장 드러내는 고유의 글자 '한글'이 탄생했으니까요.

# 이성계와 정도전은
# 어떻게 급부상했을까

 고려 말기는 국내외로 어려운 시기였습니다. 외적으로는 몽골이 쇠퇴하고 명나라의 세력이 왕성하였고, 내적으로는 권문세족에 저항하며 토지제도 개혁을 앞세운 신진사대부가 등장하며 대립하고 있었습니다. 신진사대부는 고려불교계의 폐단을 지적하며 성리학에 기반한 새로운 사회질서를 추구하였습니다.

 이에 공민왕은 원나라의 간섭에서 벗어나려는 반원 정책을 추구하며 신진사대부를 등용하여 개혁 정책을 폈습니다. 그는 이리저리 얽혀 있는 세력들의 권력관계를 끊기 위하여 완전히 새로운 인물인 승려 신돈을 등용하여 개혁의 전권을 맡겼습니다. 그러나 급격한 개혁은 권문세족과 신진사대부 양쪽으로부터 환영받지 못했습니다.

결국 신돈이 물러나고 공민왕이 죽자 다시 고려는 친원파와 친명파로 갈렸습니다. 공민왕의 뒤를 이은 우왕과 창왕이 신돈의 자식이라는 가짜 뉴스까지 퍼지며 고려 왕실의 권위는 땅에 떨어졌죠. 정계의 한 축을 이루던 신진사대부는 온건파와 급진파로 나뉘었습니다. 온건파의 개혁 목표가 고려의 중흥이었다면, 급진파의 개혁 목표는 새로운 왕조의 건국까지 길을 열어 두었습니다.

당시 성리학의 종장宗匠, 학문 등의 분야에서 가장 뛰어난 사람인 목은 이색의 제자였던 정몽주와 정도전이 두각을 보였습니다. 정몽주는 기존의 법과 제도를 유지하여 안정적인 통치를 추구하는 구법파, 정도전은 새로운 법으로 사회를 개혁하자는 신법파를 대표하는 인물이었습니다. 그러나 정몽주는 이방원 일파에게 선죽교에서 죽임을 당했고, 정도전은 이성계와 함께 조선을 건국하였습니다.

한편 무장 세력에서 대립하던 인물로는 최영과 이성계가 있었습니다. 이들은 홍건적의 난과 왜구와의 전투에서 큰 승리를 거두며 두각을 나타내 정계의 중심축을 이루었습니다. 둘은 처음에는 개혁 정치에 뜻을 같이했지만 요동 정벌과 위화도회군으로 뜻을 달리해 갈라섰습니다. 결국 최영이 최후를 맞이하며 고려도 몇 년 뒤 멸망하게 됩니다. 그렇게 이성계와 정도전을 필두로 한 조선이 시작된 것입니다.

# 공양왕의 무덤이
# 두 개인 이유


고려의 마지막 왕 공양왕의 무덤은 두 곳에 있습니다. 사람은 한 명인데 무덤은 왜 두 군데에 있을까요? 하나는 경기도 고양에 있고, 다른 하나는 멀리 떨어진 강원도 삼척에 있습니다. 현재 국가에서 사적으로 지정하여 인정한 곳은 고양에 있는 공양왕릉입니다. 「세종실록」에 나오는 "안성 청룡사에 안치된 공양왕의 어진초상화을 고양의 무덤 근처로 옮겼다"라는 기록에 근거한 것입니다. 그런데 어쩌다 공양왕은 무덤을 두 개나 갖게 되었을까요?

조선 후기의 문신 허목이 편찬한 강원도 삼척의 지리지 『척주지』에는 공양왕릉이 척주삼척에 있는 것으로 나옵니다. 공양

## 경기도 고양의 공양왕릉

「세종실록」에 근거하여 사적으로 지정되어 있다.


## 강원도 삼척의 공양왕릉

「척주지」에 근거하여 지방문화재로 지정되어 있다.


추신 넷

왕이 죽었던 유배지가 삼척이었다는 이야기와 함께 이곳이 그의 진짜 무덤일 가능성도 점쳐졌습니다. 그래서 삼척에 있는 공양왕릉은 현재 지방문화재로 지정되어 있습니다. 지금으로서는 어느 쪽이 진짜 공양왕릉인지 알 수 없습니다.

다만 유추할 수 있는 단서가 하나 있습니다. 공양왕의 무덤이 두 곳이 된 이유는 그에 대한 조선의 예우가 달라졌기 때문입니다. 조선이 건국된 후 얼마 지나지 않아 고려 편에 섰던 세력과 조선 건국 세력의 대결 구도에 점차 변화가 생겼습니다. 왕자의 난을 거치며 왕위 다툼이 일어났고 이후 나라가 안정기에 접어들자 권력관계가 묘하게 바뀌었습니다. 과거 조선의 건국을 결사적으로 반대하며 고려 편에 섰던 정몽주가 제3대 태종 때 복권된 것입니다. 반면 조선 건국의 일등공신이었던 정도전은 역적으로 몰려 죽임을 당했습니다. 이후 정도전의 공은 조선 후기 숙종 때에 이르러서야 복권되었죠.

조선 건국 세력은 고려의 남은 무리가 공양왕을 왕으로 다시 추대할까 봐 공양왕을 죽였습니다. 그러나 나라가 안정되면서 이제는 조선이라는 나라가 세워진 명분이 중요해졌습니다. 그래서 지난 왕조를 존중한다는 의미로 고려의 마지막 왕에 대한 예우를 다시 생각하게 된 것입니다. 신돈의 핏줄이라는 이유를

들어 우왕과 창왕을 폐위시키고 왕씨인 공양왕을 세웠던 명분을 살리기 위해서라도, 예우를 갖춰 공양왕의 장례를 다시 치러 줄 필요가 생겼던 것이죠. 추측하건대 공양왕이 죽었을 당시에는 유배지였던 삼척에서 대충 장례를 치렀으나, 고려 세력인 정몽주를 복권한 태종이 뒤늦게나마 시호를 내리면서 격식을 갖춰 경기도 고양으로 이장했을 가능성이 높습니다.

공양왕의 무덤이 있는 고양에서는 '공양왕과 삽살개' 이야기가 전해집니다. 어느 날 공양왕과 왕비가 개경에서 쫓겨나 고양 부근을 떠돌며 인근 스님들에게 식사를 얻어먹었습니다. 그런데 그 이후부터 공양왕 부부의 행적이 묘연해진 것입니다. 그러다 사람들이 삽살개 한 마리를 따라갔더니 한 연못 앞에 서서 계속 짖다가 못으로 뛰어드는 것입니다. 알고 보니 그 삽살개는 공양왕 부부를 따라다녔던 개였습니다. 이 광경을 보고 이상하게 여긴 사람들이 못의 물을 빼서 보니 그곳에 왕과 왕비가 나란히 누워 있었습니다. 옆에는 삽살개도 함께 죽어 있었죠.

실제로 고양의 공양왕릉 앞에는 삽살개처럼 보이는 석상이 하나 세워져 있습니다. 삼척에서 죽었던 공양왕과 왕비가 사람이 되어 고양에 와서 머물다 죽었다는 이야기를 앞에 있는 삽

## 고양 공양왕릉의 석상

석상의 모습이 삽살개처럼 보인다.

## 고양 공양왕릉의 연못

삽살개가 공양왕 부부를 따라 연못에 뛰어들었다고 전해진다.

공양왕의 무덤이 두 개인 이유

107

살개 석상과 연관 지어 만들어낸 것 같습니다. 공양왕이 스님들에게 식사를 얻어먹었다는 곳은 지금도 '식사리'라는 이름의 마을로 남았습니다. 삽살개가 뛰어들었던 연못도 공양왕릉 앞에 남아 있죠.

삽살개는 '쫓는다, 없애다'를 뜻하는 삽과 '액운'을 뜻하는 살이 합쳐진 순우리말입니다. 사람은 살다 보면 액운을 만납니다. 비록 고려의 마지막 왕으로 안타깝게 생을 달리했지만, 사람들은 그와 같은 액운이 다시는 공양왕과 왕비에게 일어나지 않았으면 하는 마음으로 무덤 앞에 삽살개 석상을 세우고 이야기를 만든 것입니다. 공양왕은 사람들에게 비난만 받았던 것은 아니었나 봅니다. 원치 않게 왕이 되었다가 억울한 죽음을 당한 왕이라고 측은히 여겼던 것일까요.

추신 넷

# 조선의 멸망과
# 대한제국의 건국

만세운동의 첫 단추

"대한독립만세!" 이 짧은 외침에는 무수한 세월이 담겨 있어요. 일제로부터 독립하기 위해 싸웠던 시기는 처절했지만 우리는 꿋꿋이 '만세'를 외쳤어요. 그런데 어쩌면 우리는 3·1운동 때 대한독립'천세'라고 외쳤을 수도 있었어요. 이번 편지에서는 우리가 대한독립만세라는 구호를 완성하기까지 무슨 일들이 있었는지 살펴보려고 해요. 우리가 천세운동이 아닌 '만세운동'을 펼칠 수 있었던 이유는 무엇이었을까요?

다섯 번째 편지

# 중국과 대등한
# 대한제국

지금까지 편지들에서는 한 나라가 어떻게 멸망하고 그다음 나라가 어떻게 세워졌는지를 이야기했습니다. 그런 점에서 '조선의 멸망과 대한제국의 건국'이라는 제목은 좀 의아하지 않나요? 조선이 대한제국으로 나라 이름을 변경한 일을 굳이 조선의 '멸망'이라고 표현하는 것은 분명 지나치다고 생각할 수 있습니다. 그런데도 이 편지의 제목을 '조선의 멸망과 대한 제국의 건국'이라고 붙인 이유는 무엇일까요? 조선에서 대한 제국으로 나라 이름을 바꾼 배경에는 국호 변경 이상의 의미가 있기 때문입니다.

옛날에 사로국이라는 나라가 있었습니다. 사로국은 삼한<sup>마한,</sup> <sup>진한, 변한</sup> 중 진한 12국 가운데 하나로 지금의 경주에 위치했던 작은 나라였습니다. 사로국은 나머지 진한 소국을 통합하여 '신라'로 나라 이름을 바꾸었습니다. 나라 이름 신라<sup>新羅</sup>에는 덕이 날로 새로워지고<sup>新</sup>, 사방을 망라하다<sup>羅</sup>는 의미가 담겨 있습니다. 그러나 여기서 말하는 사방은 중국을 넘어서는 사방이 아니었습니다. 여전히 중국이 세계의 중심이며 주변 국가는 조공을 바쳐야 한다는 중국적 세계 질서를 벗어나지 못한 한반도에 국한된 사방을 의미했죠.

그런 우리가 드디어 중국적 세계 질서를 벗어나 마음껏 꿈꾸는 진정한 의미의 사방을 '대한제국'이라는 국호로 실현했다고 볼 수 있습니다. 조선에서 대한제국으로의 국호 변경은 세계관과 역사관의 변화를 의미합니다. 그것은 코페르니쿠스적 전환이었습니다. 오랫동안 우리는 세계가 중국을 중심으로 돌고 있다고 생각했습니다. 그런데 이 시기에 들어서야 중국도 우리와 마찬가지로 세계를 구성하는 하나의 나라에 불과하다는 인식을 갖게 된 것입니다.

특히나 조선은 중국에 오랜 시간 사대하였기 때문에 이러한

다섯 번째 편지

인식의 변화는 그 무게가 더욱 크게 다가옵니다. 정도전은 나라 이름 조선이 기자조선에 왔다고 말했습니다. 영조는 조선의 나라 이름을 지어 준 명나라의 은혜를 잊지 말아야 한다고 한 적이 있습니다. 심지어 명나라가 망하고 나서도 중화中華는 망하지 않고 조선으로 건너왔다고 생각했습니다. 명나라 마지막 황제의 명복을 비는 대보단을 창덕궁 뒤에 청나라 몰래 설치한 것만 봐도 당시 조선에 명나라가 어떤 의미였을지 짐작이 갑니다.

그런데 1897년에 이르러 제26대 왕 고종이 조선을 '대한제국'으로 선포한 것입니다. 1897년 10월 12일 자 〈독립신문〉 1면에는 그때의 일을 이렇게 기록하였습니다.

조선이 그날부터는 왕국이 아니라 제국이 되었으며 조선 신민이 모두 대조선 제국 신민이라 조선 단군 이후에 처음으로 황제의 나라가 되었으니 이 경사로움과 기쁨을 조선 신민들이 측량없이 여길 듯하더라.

—1897년 10월 12일 자 〈독립신문〉 1면

조선은 기자의 나라라는 의미가 내포되어 있어 독립국의 나라 이름으로 어울리지 않았습니다. 그래서 독립의 의지를 강조하며 과거 삼한시대의 한韓 자에 대大 자를 붙여 '대한大韓'이라고 변경했습니다. 중국과 대등한 나라인 '제국'을 선포한 것입니다. 그동안 나라 안에서 왕을 황제로 칭한 적은 있어도, 나라 밖에까지 공식적으로 황제로 칭한 경우는 대한제국이 역사상 처음이었습니다.

그러면 고종은 어떻게 조선을 대한제국이라는 이름으로 바꿀 수 있었을까요? 안타깝게도 그 배경에는 우리의 자주적 역

1897년 10월 12일 자 〈독립신문〉 1면

조선에서 대한제국으로의 국호 변경 소식이 1면에 실려 있다.

다섯 번째 편지

량보다는 당시 어지러운 국제 정세의 영향이 더욱 크게 작용했습니다.

# 멸망의 기로에
# 서다

19세기 조선은 왕권이 약화되고 세도 가문이 권력을 독점하면서 관리들의 부패가 심해졌습니다. 전정田政,토지세, 군정軍政,군포, 환정還政,구휼 제도 이른바 삼정의 문란으로 백성들이 고통을 받았습니다. 백성들에게 곡식을 빌려주면서 지나치게 높은 이자를 받았고, 있지도 않은 땅에 세금을 매겼으며, 어린아이와 죽은 사람의 몫까지 군포를 거뒀습니다.

나라 밖 사정도 시끄러웠습니다. 1876년에 일본과 불평등한 강화도조약을 맺었습니다. 부산, 원산, 인천의 항구를 개항하고 치외법권을 인정하는 내용의 조약이었습니다. 치외법권이란 다른 나라의 영토 안에 있으면서도 그 나라의 국내법을 적용받지 아니하는 권리를 말합니다. 일본인이 우리나라 내 치외법권 구역에서 범죄를 저지를 경우 일본의 법률로 처벌된다는 말이죠. 이로써 일본은 조선의 연안 측량을 자유롭게 할 수 있게 되었고, 일본 화폐를 통용하고, 무관세 무역도 가능해졌습니다.

이러한 대내외적인 나라 사정에 반발한 농민들이 들고일어났습니다. 바로 1894년에 일어난 갑오농민전쟁동학농민운동입니다. 그런데 조선이 이 일을 수습할 수 없게 되자 청나라에 군사적 지원을 청하는 일이 벌어집니다. 이것을 빌미로 일본 군대까지 들어옵니다. 청과 일본이 맺었던 톈진조약1885년에는 조선에서 군사행동을 할 경우 상호 통보한다는 내용이 있었거든요. 그러니까 청이 조선에 군대를 보냈으니 일본도 조선에 군대를 파견할 권리가 있다며 들어온 것이죠. 이를 계기로 청과 일본이 조선의 주도권을 두고 싸우는 청일전쟁이 발발하게 됩니다. 조선의 농민군을 막으려다 다른 나라 둘이서 싸우게 된 상황이 펼쳐진 것입니다.

그 후 들려오는 이야기는 조선에 놀라울 따름이었습니다. 일본이 중국을 이기다니! 조선 지식인들에게는 뒤로 나자빠질 소식이었습니다. 오랫동안 중국을 사대하고 일본은 무시했던 조선이었기 때문이죠. 그런데 중국이 일본에 진 걸 보니 생각이 달라졌습니다. 물론 일본의 기세는 러시아에 의해 오래 안가서 한풀 꺾이게 됩니다. 청일전쟁에서 승리한 일본이 요동을 차지하게 되자 러시아, 독일, 프랑스 삼국이 간섭에 나서며 일본군의 요동 철수를 요구했기 때문입니다. 이에 일본은 청에 다시 요동을 돌려주었습니다.

청일전쟁에서 승리한 일본이 조선의 국정에 더욱 간섭하기 시작할 때 고종과 명성황후는 러시아를 끌어들여 의존하고자 했습니다. 이에 일본 낭인들이 경복궁에 난입해 명성황후를 시해하는 을미사변1895년이 일어납니다. 위협을 느낀 고종은 궁궐을 떠나 러시아 공사관으로 거처를 옮겼습니다.

이 시기에 연달아 일어났던 사건을 살펴보면 나라 형편이 어땠을지 짐작이 갑니다. 나라가 힘이 없으니 이 나라 저 나라에 기댈 수밖에 없었고 백성들은 오죽했을까요.

# 이름뿐인 제국, 만세를 남기다

1897년 고종은 지금의 덕수궁인 경운궁에서 황제국인 대한제국을 선포합니다. 물론 제국이 탄생했지만 황제의 안위는 장담할 수 없었습니다. 고종은 정궁인 경복궁에서 나와 외국 공사관이 몰려 있는 경운궁에 거처했습니다. 그러니 말만 황제지 이름뿐인 제국이라는 비난을 들어도 할 말이 없는 상황이었죠. 그러나 이름뿐인 대한제국 선포였더라도 역사에 남기는 이름이 지닌 영향력은 무시할 수 없습니다. 대한제국 선포 이전까지는 중국이 만세를 부를 때 조선은 만세를 부를 수 없었습니다. 그것은 중국의 황제에게만 칭해지던 더 높은 의미의 단어였기 때문입니다. 하지만 대한제국 선포 이후 우리는 드디어 마음 놓고 만세를 부를 수 있게 되었습니다. 1919년 전국에서 "대한독립만세!"를 외친 3·1운동이 '만세'운동으로 불릴 수 있었던 첫 단추였던 것입니다.

이로써 조선은 멸망하는 나라의 무거운 짐을 대한제국에 넘겼습니다. 멸망의 짐을 떠안고 시작한 대한제국에서는 건국의 활기를 느낄 수 없었습니다. 멸망으로 가는 길목에서 나라 이름을 대한제국으로 바꾸고 멸망에 이른 셈입니다. 어떤 나라든 건국이 있으면 멸망도 있기 마련입니다. 그 멸망의 책임은 대개 마지막 왕이 지죠.

그렇다면 어떻게 망하는 게 그나마 괜찮은 결말일까요? 고종은 멸망의 기로에서 나름대로 돌파를 시도했습니다. 네덜란드 헤이그에 밀사를 파견하여 해외에 대한제국이 일제의 침략을 받고 있다고 호소했습니다. 대한제국의 외교 전반을 좌지우

다섯 번째 편지

지하려던 조항이 담긴 을사조약의 무효를 주장하였습니다. 나라의 독립을 위해 의병을 조직했던 항일의병장 임병찬에게 신임의 밀지를 보내 힘을 실어 주기도 했습니다. 다급한 정세 속에서 이렇게 있는 힘껏 무언가를 하려고 노력했습니다.

그리고 중국을 닮고자 한 2000년 역사에 종지부를 찍었죠. 작은 나라였던 우리는 새로운 강대국이 나타나면 사대의 대상을 바꾸며 살아왔습니다. 송, 요, 금, 원, 명의 순서로 힘 있는 나라를 섬겼습니다. 그런데 명나라에서 청나라로 대세가 바뀌던 때에는 사대의 대상을 더 이상 바꾸지 않고 사대의 역사를 그대로 이어 갔습니다. 명나라가 멸망한 후에도 중화 정신을 우리가 이어받았다고 생각하며 작은 중국을 자처한 나라가 조선이었습니다. 그렇게 갈 길을 잃었던 조선이 사대의 역사는 끝났다고 선포하며 대한제국이 된 것입니다. 고조선 멸망 이후 드디어 2000년 만에 맞이하는 제국의 시작을 대한제국으로 알렸습니다.

19세기 조선은 나라 안팎으로 시끄러운 상황에서 '대한제국'으로 나라 이름을 바꿨어요. 물론 대한제국은 다른 나라들처럼 지도자의 자주적 역량으로 시작된 나라는 아니에요. 조선을 둘러싼 복잡한 국제 정세의 영향이 더 컸죠. 그러나 대한제국이라는 나라 이름이 갖는 의미에는 주목할 필요가 있어요. 비록 멸망으로 가는 길목에서 얻게 된 이름이었지만 2000년 동안 중국을 닮고자 했던 긴 역사에 종지부를 찍은 이름이기 때문이죠.

# 비밀리에 네덜란드로 간
# 세 사람

1907년 6월 25일, 헤이그특사 일행이 네덜란드 헤이그에 도착했습니다. 헤이그에서는 제2차 만국평화회의가 열리고 있었습니다. 2년 전 1905년, 일제는 강제로 대한제국과 을사늑약을 체결했습니다. 을사늑약에 따라 한국의 외교권은 일본에 빼앗기며 외국에 있던 한국 외교기관이 전부 폐지되었고, 주한공사들은 공사관에서 철수해 본국으로 돌아가게 되었습니다.

이렇게 일제에 의해 외교적으로 고립된 상황에서 고종은 전 세계에 을사늑약의 부당함을 알리고자 했습니다. 이에 이준, 이상설, 이위종을 네덜란드 헤이그로 보내기로 결정합니다. 이 세 사람은 외교적인 감각을 지니고 있었으며 국제적인 경험을 바탕으로 독립운동을 전개하던 인물들이었죠.

이준은 우리나라 최초의 검사로 을사늑약의 부당함을 국제법으로 설명하는 데 적임자였습니다. 이상설은 을사늑약 당시 정부의 주요 정책을 결정하던 기구인 의정부議政府의 자문 역할인 참찬 자격으로 부당한 조약 과정을 지켜봤던 인물이었습니다. 이위종은 러시아어를 비롯해 프랑스어, 영어에 능통하여 헤이그에서 대한제국의 입장을 외국 기자들에게 전하는 역할을 했습니다.

지금이야 비행기를 타면 쉽게 네덜란드로 갈 수 있지만 당시에는 우리나라에서 배와 기차를 타고 네덜란드에 닿아야 했습

이준, 이상설, 이위종은 을사늑약의 부당함을 세계에 알리기 위해 네덜란드 헤이그로 떠났다.

추신 다섯

니다. 먼저 고종의 친서를 받은 이준이 부산으로 내려갔습니다. 부산에서 배를 타고 러시아 블라디보스토크로 향했습니다. 당시 이상설은 만주 용정에 서전서숙을 세워 교육으로 항일독립운동 사상을 고취시키는 데 앞장서고 있었습니다. 두 사람은 러시아 블라디보스토크에서 만나 시베리아 횡단 열차에 몸을 실었습니다. 상트페테르부르크까지 도착하는 데 15일이 걸렸습니다. 상트페테르부르크에는 을사늑약으로 외교권을 박탈당하기 전까지 러시아의 대사였던 이범진이 있었습니다. 그곳에서 이범진의 아들 이위종이 헤이그특사에 합류하게 됩니다.

이렇게 세 사람은 열차를 타고 오랜 여정 끝에 네덜란드 헤이그역에 도착했습니다. 그런데 정작 만국평화회의에는 참가할 수 없다는 통보를 받습니다. 을사늑약 체결 전 받았던 회의 참가 초청장의 효력이 사라졌습니다. 이제는 외교권이 없는 나라라는 게 그 이유였죠. 일본에 외교권을 박탈당한 것의 부당함을 호소하러 왔지만 회의에 참석한 나라들은 정작 일본의 손을 들어 주었습니다. 그들은 을사늑약의 부당함을 알지 못했습니다. 사실 알았다 하더라도 달라질 상황은 아니었습니다.

러시아는 러일전쟁 패배 후 전쟁을 마무리하며 일본과 포츠머스 회담을 가졌는데, 두 나라의 평화조약으로 희생된 나라가 바로 대한제국이었습니다. 이는 헤이그 만국평화회의 직전에 맺었던 조약으로 일본이 대한제국과 남만주의 우선권을, 러시아가 북만주와 외몽골의 우선권을 갖는다는 비밀 협약이었습니다. 이로써 러시아는 대한제국의 문제에 관여하지 않기로 한 것입니다. 헤이그특사 일행은 이 사실을 알지 못했습니다.

그러나 그들은 포기하지 않았습니다. 헤이그에는 만국평화회의에 참석한 공식 사절들만 있던 게 아니었습니다. 여러 나라에서 이 현장을 취재하러 온 기자가 많았습니다. 회의에 참석하지 못한 이준, 이상설, 이위종은 각국의 기자를 만나 을사늑약의 부당함을 호소하는 차선의 방법을 택했습니다. 영국 윌리엄 스테드 기자의 "그러니까 당신은 무엇을 원하는 겁니까?"라고 묻는 말에 이위종은 이렇게 답했습니다.

우리는 헤이그에서 법과 정의의 신에게 우리의 호소를 전하고, 그 조약이 국제법상 유효한지 확인하고 싶습니다. 그런데 고등 중재 재판소는 어디에 있습니까? 우리는 어디에서 우리의 억울함을 호소하고, 이 부당한 일을 심판받게 할 수 있습니까?

—1907년 7월 5일 자 《만국평화회의보》 1면

추신 다섯

3명의 특사가 담긴 사진과 이위종이 스테드 기자와 인터뷰한 내용이 실려 있다.

　이위종의 말에 감동한 스테드 기자는 각국 신문기자단의 국제 협회에서 연설할 기회를 마련해 주었습니다. 이곳에서 이위종은 유창한 외국어 실력으로 '대한제국의 호소A Plea for Korea'라는 이름의 연설을 했습니다. 이 연설은 곧 헤이그의 현지 신문 〈학세 쿠란트Haagsche Courant〉와 미국의 잡지 〈인디펜던트The Independent〉 8월 호에 실렸습니다. 그러나 부인이 몹시 아프다는 전보를 받은 이위종은 곧 러시아로 돌아가게 됩니다. 통역을 맡았던 이위종이 자리를 비우자 특사 활동도 잠시 소강상태에 접어들었습니다.

그런데 얼마 뒤 갑자기 이준이 머물던 융 호텔Hotel De Jong에서 숨을 거두는 사건이 일어납니다. 아직까지도 이준에 대한 정확한 사인은 밝혀지지 않았으며, 네덜란드의 기록을 살펴봐도 특별한 사인을 언급하고 있지 않습니다. 헤이그특사 활동을 매일 보고하던 일본 측 기록에는 단독丹毒이라는 병증으로 사망했다고 나와 있습니다. 우리나라 신문 〈대한매일신보〉와 〈황성신문〉에는 이준이 할복 자결하였다고 보도했습니다. 일본에서는 이준의 죽음을 단순 병사로 처리하여 헤이그특사에 대한 이야기가 퍼지는 일을 막고 싶었던 듯하고, 우리나라에서는 특사로 파견되어 나라를 위해 자결했다는 점을 강조한 것입니다.

부산에서 블라디보스토크, 상트페테르부르크, 헤이그까지 먼 길을 갔지만 현실은 냉혹했고 제국주의 나라들의 벽은 높았습니다. 이역만리 헤이그에 있던 세 사람은 만감과 회한에 휩싸였을 것입니다. '우리는 왜 여기에 이르게 되었을까. 나는 나라를 위해서 무엇을 했던가.' 이준은 내가 혹시 을사늑약을 초래한 장본인이 아닐까 생각했을지도 모릅니다. 그는 1904년에 있었던 러일전쟁을 황인종과 백인종의 싸움으로 보고 일본 편을 들었기 때문입니다. 중국과 대한제국이 일본을 도와 러시아

추신 다섯

를 물리쳐야 한다고 생각했던 것입니다. 그래야 대한제국의 완전한 독립도 성취할 수 있다고 믿었습니다. 그래서 부상당한 일본 병사를 위해 모금 운동을 촉구하는 취지문도 작성하였습니다.

당시 안중근을 비롯한 독립운동가들도 비슷한 생각을 가졌다고 합니다. 일본은 대한제국의 완전한 독립 약속을 지키지 않았고, 안중근은 이토 히로부미를 사살하게 됩니다. 그때를 살아 보지 않은 사람으로서 할 수 있는 말은 아니지만 안타까운 현실 인식이었습니다. 대한제국은 러일전쟁이 대한제국의 독립으로 가기 위한 전쟁이 아니라 대한제국과 합방하기 위한 전쟁임을 뒤늦게 깨달았습니다.

이준은 어쩌면 자신이 일본을 도와 을사늑약에 이르게 한 게 아닐까 자책하며 어떻게든 불평등조약을 파기하기 위해 네덜란드 헤이그까지 갔던 것일지도 모릅니다. 그런데 회의에도 참석하지 못하고 숙소에 누워 있는 일 외에는 할 수 있는 일이 없었으니 근심과 나라 걱정에 병을 얻어 일어나지 못했던 게 아닐까요.

그의 유해는 1963년에 국내로 이송되어 서울 강북구 수유리에 안장되었습니다. 그리고 이준이 숨을 거뒀던 융 호텔은 현재 이준 열사 기념관이 되었습니다. 1620년대에 지어진 건물로 370여 년간 가정집, 상가, 극장, 호텔, 당구장 등으로 사용되다가 1995년 8월 5일에 이준 열사 기념관으로 개관하였습니다. 기념관에는 그를 기리는 다양한 자료가 전시되어 있습니다.

서울 서초구 대검찰청 검찰역사관에는 이준의 흉상이 전시되어 있습니다. 흉상 밑에는 약력과 함께 "평리원 검사 시절, 고종 황제의 대사령에 따라 은사안사면령을 작성하게 된 검사 이준은 당시 을사5적을 처단하려다 체포돼 복역 중이던 기산도 등을 사면자 명단에 포함시켰다. 그런데 이를 반대하는 상관들과 마찰을 빚게 되었고, 결국 기소돼 파면되고 말았다. 그 뒤 1907년 7월 14일 이준 열사는 고종 황제의 밀명을 받고 헤이그 만국평화회의에서 특사로 활동하다 순국하였다"라고 쓰여 있습니다.

러시아에서 다시 헤이그로 돌아온 이위종은 이준의 죽음을 두고 다음과 같은 말을 남겼습니다. 헤이그로 떠났던 그들의 상황과 심정을 조금이나마 상상해 봅시다.

일본의 무도함이 그의 애국 혼을 너무나 상하게 해서 더 이상 목숨

추신 다섯

을 부지할 수가 없었다. 이준은 죽기 전까지 여러 날 동안 아무 음식도 들지 않았다. 운명하는 날 그는 의식을 잃은 것처럼 잠들어 있었다. 그러다가 갑자기 벌떡 일어나더니 부르짖었다. "우리나라를 도와주십시오. 일본이 우리나라를 짓밟고 있습니다!" 이것이 마지막 유언이었다.

— 〈만국평화회의보〉

# 대한제국의 멸망과
# 대한민국임시정부와
# 대한민국의 건국

박물관 연표를 보고 생긴
네 가지 의문

## 집배원 부의 여는 말

우리는 영화관에서 나오며 이 영화가 좋았다, 아쉬웠다는 주관적인 감상을 편하게 나눠요. 그러나 박물관과 역사책 앞에서는 딱딱하게 굳어 버리곤 해요. 박물관 곳곳에 내가 모르는 정보들이 널려 있고 꼭 알아야만 할 것 같아 정신없이 모든 내용을 흡수하기 바빠요. 나만의 취향과 시선을 갖기에는 너무 어려운 분위기죠. 박물관 관람을 마치고 나서면서도 이건 이렇고 저건 저런 것 같은데 하는 감상을 자유롭게 나눌 수 있다면 얼마나 좋을까요. 그래서 이번 편지에서는 역사학자 조경철이 10년 넘게 국립중앙박물관 연표를 탐독하며 생긴 네 가지 의문을 정리해 봤어요. 중요하지만 무심코 넘겨 왔던 의문들을 살펴보며 새로운 시선으로 연표를 읽는다면 박물관이 달라 보일 거예요.

여섯 번째 편지

# 계속 수정되는
# 박물관 연표

여러분은 박물관에 가서 연표를 주의 깊게 살펴본 적이 있나요? 아마 대다수 관람객은 대략적인 연대기만 빠르게 훑고 전시 중인 유물을 위주로 보기 시작할 것입니다. 그런데 저는 한동안 국립중앙박물관을 다니며 유물보다 한국사 연표를 자세히 들여다봤습니다. 2015년부터 봤으니 벌써 10년이 다 되었네요.

과거 국립중앙박물관 대한시대 연표에는 '일제강점기'라는 굵고 큰 글씨 아래에 얇고 작은 글씨로 3·1운동[1919년], 8·15광

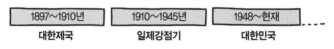

**국립중앙박물관 2015년 대한시대 연표**

| 1897~1910년 | 1910~1945년 | 1948~현재 |
|:---:|:---:|:---:|
| 대한제국 | 일제강점기 | 대한민국 |

• 3·1운동(1919년)
• 8·15광복(1945년)

대한민국임시정부 수립 내용이 빠져 있다.

복1945년이 적혀 있었습니다. 이걸 보고 가장 처음 든 의문은 왜 1919년 대한민국임시정부 수립이 빠져 있는지였습니다.

그런데 바로 다음 해인 2016년 연표에는 대한민국임시정부1919~1945년가 추가되었더군요. 이렇게 관람객들은 눈치채지 못했겠지만 국립중앙박물관 연표는 조금씩 계속 바뀌어 왔습니다. 최근 2025년 2월부터는 선사·고대관이 개편되면서 고조선부터 현대까지 한국사 전체를 관통하는 연표가 아예 사라졌습니다.

그러므로 어느 박물관에 가서든 연표와 해설판에 적힌 내용을 곧이곧대로 흡수하여 외울 필요가 없습니다. 오히려 때로는 의구심이나 비판 의식을 가지고 연표와 해설판을 읽어 보는 것이 더 좋습니다.

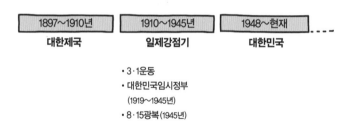

대한민국임시정부 기간이 추가 기재되었다. 2025년 2월부터는 한국사 연표가 사라져 확인할 수 없다.

# 첫 번째 의문,
# 사라진 3년

사실 수정된 2016년 연표에도 여전히 의문이 생기는 부분이 있습니다. 연표에는 일제강점기가 1945년에 끝나서 1948년에 대한민국이 시작된다고 표시되어 있습니다. 그러면 1945년과 1948년 사이의 3년의 기간은 어디로 간 걸까요? 몇 천 년씩이나 지난 일도 아니고 고작 약 100년 전에 일어났던 일을 몰라 공백으로 둘 리 없습니다.

연표에 표기하지 않은 3년은 미군이 한국을 통치했던 미군정기였습니다. 미군이 남한을 점령했던 사건을 굳이 표시하고

싫지 않은 마음이 담긴 걸까요? 그러나 일제가 통치했던 일제 강점기는 굵은 글씨로 크게 표시한 것을 보면 의아해하지 않을 수 없습니다.

## 두 번째 의문, '일제강점기'라는 표현

여러분은 흔히 사용하는 '일제강점기'라는 표현에 대해 어떻게 생각하시나요? 일제강점기를 단어 그대로 풀이하면 일제가 우리나라를 강제로 점령한 시기를 뜻합니다. 일제가 대한제국을 멸망시키고 통치했으니 틀리지 않은 표현이라고 생각할 수도 있습니다.

그러나 일제강점기는 우리나라를 통치했던 일본 관점의 표현입니다. 이 표현보다는 우리가 강제로 빼앗긴 나라를 되찾기 위해 어떻게 노력했는지를 강조할 수 있는 더 좋은 용어가 있지 않을까요. 역사의 주인은 그 나라의 국민이니까요.

대한제국의 관점으로 이 시기를 역사책에 남긴다면 어떤 표현이 좋을까요. 우리가 나라를 되찾기 위해 노력한 강한 의지를 반영하여 '일제저항기'로 부르면 좋겠습니다. 저부터라도 이 표현을 적극 사용하고자 합니다.

## 세 번째 의문,
## 대한민국임시정부가 표기된 위치

국립중앙박물관 한국사 연표에는 나라 이름을 굵은 글씨로 쓰고 있습니다. 그런데 대한제국과 대한민국 사이에 '일제강점기'가 우리나라 역사 속 국가 이름과 똑같은 위계로 굵게 강조되어 표시되어 있습니다. 그러면 일제강점기 때 우리나라는 정말 없었던 걸까요?

1919년 중국 상하이에 세워진 '대한민국임시정부'가 있었습니다. 대한민국임시정부는 3·1운동의 만세 함성에 힘입어 세워졌습니다. 물론 임시정부를 나라로 볼 수 있을지에 대해서는 논의의 여지가 있습니다. 역사 속에서 수많은 임시정부가 생겼다가 사라져 왔습니다. '임시'정부라는 표현에서 알 수 있듯 임시정부들을 다 나라로 인정하고 있지는 않습니다.

그러나 대한민국임시정부는 이전에 세워진 다른 나라들의 임시정부와 다릅니다. 대한민국이라는 나라는 대한민국임시정부를 계승하여 세워졌기 때문입니다. 따라서 국립중앙박물관 연표에 표기된 대한제국 - 일제강점기 - 대한민국을 '대한제국 - 대한민국임시정부 - 대한민국'으로 수정하면 어떨까요.

## 네 번째 의문, 대한민국임시정부의 존속 기간

수정된 2016년 연표에는 대한민국임시정부의 존속 기간을 1945년까지로 쓰고 있습니다. 그런데 우리는 1945년에 일제로부터 나라를 되찾아 독립했는데 정작 대한민국임시정부의 존속 기간을 1945년에 끝내 버리는 게 이상합니다. 이는 1945년부터 우리나라를 통치했던 미국이 대한민국임시정부를 인정하지 않았기 때문인데요.

그렇지만 우리는 일본이 대한민국임시정부를 인정하지 않았음에도 1919년 임시정부의 시작을 분명히 표기하고 있습니다. 따라서 마찬가지로 미국이 1945년 이후 임시정부의 존속을 인정하지 않더라도 우리는 대한민국임시정부가 존속하고 있었다고 표기할 필요가 있다고 생각합니다.

그렇다면 1945년 8월 15일 광복 이후 대한민국임시정부의 주요 인사들은 어떤 행보를 보였을까요? 그들은 다른 나라에 조국의 임시정부를 세울 정도로 나라를 간절히 지키려던 사람들이었으니 당연히 귀국해서 대한민국임시정부를 이어 가겠다고 생각했을 것입니다. 그러나 광복을 맞이한 우리나라였지만 미국으로부터 정식 국가로 인정받지 못해 어쩔 수 없이 그들은 임시정부가 아닌 개인의 자격으로 입국할 수밖에 없었습니다.

일제로부터 독립만 하면 제 나라를 되찾을 줄 알았건만 또 다른 나라의 이해관계에 얽혀 남북한으로 나라가 나뉘게 되었습니다. 임시정부를 이끌던 인사들은 남북한 통일정부를 원했지만, 이승만을 비롯한 일부 인사들은 남한만의 1948년 대한민국 정부 수립에 동참했습니다.

대한민국 정부가 수립될 때 제헌국회 개회사와 이승만 대통령의 취임 선서에 "대한민국 30년"이라는 표현이 등장합니다. 1948년 9월 1일 자로 발행된 대한민국 관보 제1호에도 "대한민국 30년"이라고 적혀 있습니다. 이것은 1919년에 시작된 대한민국임시정부가 1948년까지 이어졌으며, 그 대한민국임시정부를 이어받아 대한민국이 시작되었다는 것을 분명히 보여 주고 있습니다.

# 다시 그리는
# 대한시대 연표

지금까지의 이야기를 모두 반영하여 대한제국부터 대한민국까지의 대한시대 연표를 수정해 보면 아래와 같습니다.

첫 번째 편지에서 고조선 멸망 후 기존의 낙랑군 설치가 아니라 고구려의 건국으로 이어져야 한다고 설명했던 것을 기억하시나요? 그로부터 아주 오랜 시간이 흐른 뒤 비슷한 일이 일어납니다. 대한제국 멸망 이후 기존의 일제강점기와 미군정기가 아닌 '대한민국임시정부'를 거쳐 대한민국으로 이어져야 한다는 것입니다. 지금까지 우리는 타국 중심의 시선으로 역

**재구성한 대한시대 연표**

| 1897~1919년 | 1919~1948년 | 1948년~현재 |
|---|---|---|
| 대한제국 | 대한민국임시정부 | 대한민국 |

- 일제저항 1기(1910~1919년)
- 일제저항 2기(1919~1931년)
- 일제저항 3기(1931~1945년)
- 미군정기(1945~1948년)

사라진 3년, 일제강점기라는 표현, 대한민국임시정부가 표기된 위치, 대한민국임시정부의 존속 기간을 수정했다.

여섯 번째 편지

사를 배워 왔습니다. 고조선 멸망 이후 한사군이 설치되었고, 대한제국 멸망 이후 일제의 식민 통치가 시작되었다고 배웠습니다.

1919년 3월 1일, 온 국민은 '대한독립만세'를 외쳤습니다. 그러면 이들이 외친 '대한'은 대한제국이었을까요, 대한민국이었을까요? 시기상 공화제인 민국民國에 대한 논의를 나누던 때이긴 하나 아직 보편적으로 대한민국이라고 불리던 시기는 아니었습니다.

따라서 국민들이 외쳤던 만세 구호에는 대한제국을 되찾자는 의미가 담겨 있었습니다. 만약 3·1운동의 함성이 성공하여 나라를 되찾았다면 그 나라는 대한제국이 되었을 것입니다. 물론 이전의 대한제국과는 형태가 달랐을 것입니다. 이미 대한제국 황실은 해체된 상태였기 때문에 기존의 군주황제제로 돌아가기에는 현실적으로 어려웠기 때문입니다. 아마도 공화제를 가미한 입헌군주제가 되었을 가능성이 높습니다. 그리고 연표에 1910년에 대한제국이 멸망했다고 기록될 일도 없었을 것입니다.

1910년 대한제국은 일본이 강제로 체결한 한일합병조약으로 멸망했습니다. 한일합병조약에 도장을 찍은 것으로 이제 이

나라는 끝났다고 생각했던 것입니다. 그러나 일본이 강제로 체결한 조약에 우리가 스스로 나서서 이를 당연하게 여길 필요는 없습니다. 힘없는 나라이기 때문에 주권을 행사하지는 못했어도 주권을 되찾기 위한 노력은 분명히 있었습니다.

일본은 한일합병조약 이후 지금의 서울인 한성을 경성으로 개칭하였고, 그곳에 조선총독부를 설치하는 등 식민 지배의 중심으로 삼았습니다. 이에 고종은 1912년에 항일의병장이었던 임병찬에게 밀지를 내려 독립운동을 독려했습니다. 임병찬은 대한독립의군부를 결성하여 전국적으로 의병을 조직하였고 한성으로 진격하고자 했습니다. 1915년 중국 상하이에서는 성낙형, 박은식 등의 독립운동가들이 신한혁명당을 조직했습니다. 비록 이들의 활동이 목적을 달성하진 못했지만 우리가 주권을 되찾기 위해 꾸준히 노력했음을 알 수 있는 대목입니다.

제1차 세계대전1914~1918년에 참전한 일본이 패할 경우 독일처럼 입헌군주제로 독립하길 바라며 고종과 연결을 꾀하려는 움직임도 있었습니다. 1910년을 기점으로 한편에서는 대한제국을 이어 가려는 움직임이 있었고, 다른 한편에서는 공화제 국가 건설을 목표한 독립운동이 있었습니다. 신채호, 박은식 등은 후자를 대표하는 독립운동가들입니다. 이들은 『대동단

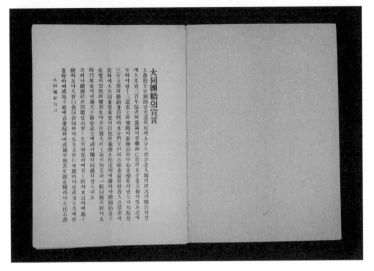

大同團結의宣言

1910년 한일합병조약 체결 후 조국이 사라지기는커녕 국민의 나라로 거듭났다고 선언한다.

결선언문서』1917년로 1910년부터 시작된 새로운 국민의 나라를 선언했습니다.

1910년 8월 29일 대한제국 황제의 나라가 끝났다. 나라는 국민의 것이니, 이때부터 나라는 국민의 나라가 된 것이다. 1910년 이후 나라는 한순간도 없어지지 않았다. 구한국의 마지막 날은 곧 신한국이 출발한 날이다.

　　　　　　　　　　　　　　　　　　　　　　　　　—『대동단결선언문서』

1910년부터 대한민국임시정부가 세워진 1919년까지는 일제강점기이기도 했지만 대한제국을 되찾고 새로운 공화국 건설을 준비했던 시기이기도 합니다. 1910년에 나라가 이미 망했다고 여겼다면 3·1운동의 만세 함성이 온 나라를 뒤덮을 수 있었을까요? 1919년은 고종 황제가 죽음을 맞이했던 해입니다. 당시 고종이 독살당했다는 소문이 돌면서 만세운동의 열기는 더욱 뜨거워졌습니다. 사람들은 나라를 되찾고자 하는 의지를 잃지 않았죠.

　그날의 만세운동이 성공했다면 대한제국을 되찾았겠지만 실패했어도 그들의 의지와 행동이 없던 일이 되지는 않습니다. 대한제국을 되찾기 위해 시작한 만세운동은 실패가 아닌 대한민국임시정부라는 새로운 나라의 결실로 이어졌습니다. 그러니까 진정한 대한제국의 멸망은 1910년이 아니라 1919년이라고 해도 무방할 것입니다. 그리고 1919년 대한민국임시정부가 대한제국을 이어받아 세워진 것이죠.

국립중앙박물관 대한시대 연표를 살펴보며 생긴 네 가지 의문점을 발견하고 그에 답했어요.

1. 일제강점기와 달리 미군정기인 1945년부터 1948년까지 3년의 기간은 표시해 놓지 않은 게 의아해요.

2. 일제강점기라는 일본 관점의 표현보다는 강제로 빼앗긴 나라를 되찾기 위한 노력이 담긴 '일제저항기'라는 표현을 사용하는 게 좋겠어요.

3. 일제강점기 때 우리에게는 '대한민국임시정부'가 있었고, 그 임시정부가 대한민국으로 계승됐어요.

4. 대한민국임시정부는 일제강점기뿐만 아니라 미군정기에도 존속하고 있었어요.

일곱 번째 편지

# 부여의 멸망과
# 남부여의 건국

고조선을 계승한 부여,
부여를 계승한 백제

고조선, 고구려, 백제, 신라는 우리에게 친숙한 나라예요. 그러면 '부여'는요? 충청남도에 있는 부여가 떠오르지 오래전에 있었던 옛 부여라는 나라가 생각나지는 않아요. 게다가 남부여는 더욱 생소해요. 어릴 적에 드라마 중 남부여의 공주가 현대로 넘어오는 타임슬립 사극을 봤었는데, 그때 처음으로 '남부여가 어디야?'라고 했던 기억이 나요. 그런데 알고 보니 부여의 역사는 꽤 깊었어요. 무려 고조선까지 거슬러 올라가거든요. 백제도 고구려도 너도나도 부여를 계승한다고 나설 정도로 인기가 많았다고 해요.

일곱 번째 편지

# 고조선을 계승한
# 부여

우리 땅에 처음 세워진 나라는 고조선입니다. 기원전 108년에 첫 나라였던 고조선이 멸망하고 이 땅에는 두 나라가 두각을 드러냈습니다. 바로 부여와 고구려였습니다. 고조선이 멸망기에 접어들 때부터 나라 안에는 마치 연방 국가처럼 크고 작은 나라들이 생겼습니다. 그 나라들은 나름대로 자국의 건국 연도를 고조선 멸망 이전으로 보기도 하고 멸망 이후로 보기도 했어요.

일반적으로 알려진 고구려의 건국 연도는 『삼국사기』에 근거해 기원전 37년입니다. 기원전 108년에 고조선이 멸망하고 꽤 많은 시간이 흐른 뒤죠. 그러나 첫 번째 편지에서 전했듯 고구려의 건국 연도를 기원전 107년으로 보기도 합니다. 고구려는 기원전 108년에 멸망한 고조선을 계승하여 탄생했기 때문이죠.

그러나 안타깝게도 고조선을 계승한 또 하나의 나라 부여가 언제 건국되었는지는 전해지는 기록이 없어 정확하게 알 수 없습니다. 중국 사마천이 쓴 역사서 『사기』에 따르면 연나라가 동방을 개척하며 부여와 접촉했다는 기록이 있습니다. 연나라가 강성했던 시기인 약 기원전 4~3세기경에 부여가 이미 국가의 형태로 언급된 것을 보면, 부여의 명확한 건국 연도는 알 수 없으나 부여가 고구려보다 먼저 세워진 국가였을 것이라고 추측할 수 있습니다.

고구려와 부여는 서로 고조선을 계승한 나라라고 주장했습니다. 『삼국유사』에는 단군의 아들 해부루가 부여를 세웠다는 이야기와 단군의 또 다른 아들 주몽이 고구려를 세웠다는 이야기가 남아 있습니다. 먼저 국가 형태로 자리 잡은 부여는 고구려와의 경쟁에서 초반에는 우위를 차지했습니다. 그러나 후반으로 접어들수록 고구려가 우세해졌습니다. 광개토태왕릉비문에 고구려를 건국한 주몽을 소개하고 있는 대목을 읽어 보도록 하죠.

옛적 시조 추모왕주몽이 나라를 세웠는데 (왕은) 북부여에서 태어났으며, 천제의 아들이었고 어머니는 하백의 따님이었다.

　　　　　　　　　　　　　　　　　　　　　　　 —광개토태왕릉비문

주몽을 북부여 출신이라고 쓰고 있습니다. 그리고 광개토태왕릉비문 다른 곳에는 광개토태왕이 영락 20년410년에 동부여를 토벌한 것을 언급하며, 동부여가 속민으로서 의무를 소홀히 한 점을 응징하였다는 대목도 있습니다. 또 북부여 출신의 주몽도 동부여를 토벌했다는 글이 남겨져 있습니다. 이러한 기록들을 보면 같은 부여라고 할지라도 부여, 북부여, 동부여로 다르게 일컬어졌다는 사실을 알 수 있습니다.

이처럼 부여는 고구려보다 한발 빨리 건국되었으나 오래되지 않아 분화되었던 것으로 추정됩니다. 부여를 건국한 이가 '동명'이었다고 하는데, 이 이름을 이어받아 주몽이 '동명성왕'이 됩니다. 그런데 고구려 주몽 신화에는 고구려의 기원을 부여라고 언급하지 않고 콕 집어 북부여혹은 동부여라고 하고 있습니다. 아마도 부여의 일부 세력이 동쪽으로 가서 동부여를 세우면서 갈라지기 이전 최초의 부여를 북부여로 불렀던 것 같습니다.

## 고구려와 백제, 형제에서 원수로

백제를 세운 왕은 온조입니다. 온조는 고구려 주몽의 아들이라는 설과 부여 해부루의 여러 손자 중 한 명이었다는 설이 있습니다. 온조는 어머니 소서노와 함께 무리를 이끌고 남쪽으로 내려와 십제十濟를 세우고 나중에 백제百濟로 나라 이름을 바꾸었습니다. 이러한 근거에 따르면 백제의 온조왕도 부여와 연관이 있다고 볼 수 있는데요.

백제의 제21대 개로왕이 중국 북위에 보냈던 국서의 한 대목인 "신은 고구려와 함께 부여에서 나왔으므로 선대에는 우의를 매우 돈독히 하였습니다"를 보아 백제 역시 부여를 계승하여 세웠던 국가라는 것을 알 수 있습니다. 고구려가 가깝게는 부여를 멀리는 고조선을 계승하였다면, 백제는 가깝게는 고구려를 멀리는 부여를 계승한 것이죠. 실제로 백제 사람들은

'동명'에게 제사를 지내기도 했습니다. 여기서 동명은 부여를 건국한 동명일 수도 있고, 고구려를 건국한 동명성왕일 수도 있습니다.

그렇게 부여를 계승한 고구려와 백제 사이에 낙랑군이 설치되었을 때는 낙랑군이 완충지대 역할을 하여 두 나라가 직접 다툴 일 없이 평화로운 관계를 유지하고 있었습니다. 그러나 낙랑군이 고구려에 멸망하면서 두 나라가 국경을 마주하게 되자 치열한 공방전이 펼쳐졌습니다.

먼저 기선을 잡은 쪽은 백제의 제13대 근초고왕이었습니다. 371년에 고구려의 제16대 고국원왕을 전사시킵니다. 이에 고구려는 절치부심하여 고국원왕의 손자 광개토태왕은 백제의 아신왕을 무릎 꿇게 만들죠. 광개토태왕의 아들인 장수왕은 475년에 백제 한성서울의 풍납토성과 몽촌토성을 함락시키고 개로왕의 목을 베었습니다. 그렇게 남쪽의 백제를 밀어내며 한강 유역까지 확보한 고구려는 여세를 몰아 북부여까지 멸망시켰습니다. 한강 유역을 빼앗긴 백제는 급히 웅진충청남도 공주을 새 도읍으로 정했습니다. 이렇게 같은 부여를 계승하여 탄생한 두 나라는 한때 사이가 돈독하기도 했으나 이제는 같은 하늘 아래 있을 수 없는 철천지원수가 되었습니다.

# 부여가 된
## 백제

　백제의 제26대 성왕은 고구려에 빼앗긴 한강 유역을 회복하기 위한 준비를 착실히 해 나갔습니다. 538년에 웅진에서 사비<sub>충청남도 부여</sub>로 천도해 나라 이름을 '부여'로 바꿉니다. 다만 북부여와 구분하기 위해 성왕이 세운 부여를 '남부여'라고 칭하기도 합니다. 성왕은 551년에 신라 진흥왕과 힘을 합쳐 고구려를 공격해 한강 유역을 되찾았습니다. 남부여는 한강 하류를, 신라는 한강 상류를 차지했죠. 성왕은 한강 하류를 차지한 후 옛 부여의 영광을 되찾으며 동아시아 제패를 꿈꿨던 것일까요.

　그러나 이후 신라가 남부여의 한강 하류를 기습적으로 공격하며 한강 유역을 몽땅 가져가 버리게 됩니다. 신라는 한강 유역 전체를 점령하여 중국과의 직접 교류를 꿈꾸었습니다. 그렇게 한때 동맹 관계였던 신라와 남부여 간에 전쟁이 벌어졌고, 성왕은 554년 충청북도 옥천 부근에서 일어난 관산성전투에서 신라 측 매복에 걸려 전사했습니다. 성왕이 남부여로 나라 이름을 바꾸며 다시 만들어 보려던 옛 부여의 영광은 이렇게 끝났습니다.

그 후 성왕의 아들 위덕왕 때 나라 이름은 다시 남부여에서 백제가 되었습니다. 만약 성왕이 관산성전투에서 전사하지 않았다면 남부여는 100년 이상 이어졌을 수도 있습니다. 그랬다면 훗날 견훤이 세운 나라도 후백제가 아니라 후부여가 되었을 수도 있겠네요. 그러나 성왕이 전사하면서 남부여는 역사 속으로 금방 사라지게 되었습니다. 하지만 남부여의 도읍이었던 사비가 지금의 충청남도 '부여'가 되어 그 이름은 여전히 우리 곁에 남아 있습니다.

옛 부여는 494년에 고구려에 멸망했지만 이후 백제 성왕의 뜻에 의해 남부여로 되살아났습니다. 고조선을 계승해 세운 부여가 백제가 되었고, 백제가 다시 부여를 이어받아 남부여가 된 것입니다. 엄밀히 따지면 '부여의 멸망과 백제의 남부여 국호 변경'이 더 정확한 제목이겠으나 부여가 다시 세워진 의미를 강조하고자 '남부여의 건국'이라고 표현해 봤습니다.

# 다시 그린
## 선사 · 고대시대 연표

우리 역사는 고조선 멸망 후 중국 한나라의 낙랑군이 아닌 부여로 이어졌습니다. 고조선이 멸망했다고 고조선을 계승한 부여까지 멸망했다고 볼 수는 없습니다. 우리는 고구려의 역사를 중국의 역사라고 우기면 발끈하지만 부여의 역사를 중국의 역사라고 말하면 고구려의 역사만큼 화내지 않습니다. 그 이유는 우리가 부여의 역사에 대해 잘 모르고 관심이 없기 때문입니다. 그러나 보다시피 부여는 고조선을 계승하면서 고구려와 백제의 유래가 되었던 한국사에서 중요한 위치를 차지하는 나라였습니다.

그렇다면 국립중앙박물관 연표는 부여의 역사를 어떻게 정리하고 있을까요? 다음 연표를 살펴보면 고조선 멸망 이후 곧바로 한나라의 낙랑군으로 이어집니다. 그 밑에 삼한은 점선으로 고조선이 멸망하기 전부터 존재하였다고 표시하고 있습니다. 반면 부여는 점선이었다가 고조선 멸망 이후부터 실선으로 그여 있습니다. 그러나 앞서 살펴봤듯이 부여는 고조선 멸망 전에 이미 세워진 나라였기에 현재 점선의 일부는 삼한과 같이 실선으로 수정되어야 합니다.

또한 고구려는 『제왕운기』에 근거하여 추론된 기원전 107년으로 건국 연도를 수정하고 고조선과 실선으로 연결해야겠습니다. 그렇지 않다면 적어도 점선으로는 표시해야 합니다. 현

일곱 번째 편지

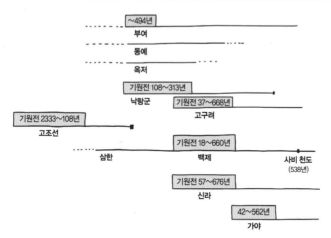

부여와 고구려가 고조선과 단절되어 있다.

재 연표에서는 한국사의 굵직한 나라인 고조선과 고구려 사이
에 아무런 연결고리가 없어 아쉬움을 줍니다.

백제에는 538년에 '사비 천도'만 언급되었는데 '남부여 국호
변경538~554년'을 덧붙이고 점선으로 부여와 이어 고조선 - 부
여 - 남부여로 나라와 국호가 계승되었다는 것을 표시하면 좋
겠습니다.

이렇게 고친다면 고조선이 부여와 고구려를 거치며 우리 역
사가 끊이지 않고 계속 이어져 왔다는 걸 선명하게 드러낼 수
있습니다. 과거의 나라 이름을 새 나라의 이름으로 채택해 사

부여의 멸망과 남부여의 건국

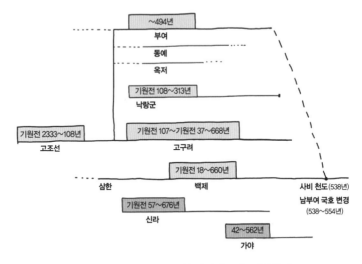

재구성한 국립중앙박물관 선사·고대시대 연표

~494년
부여
동예
옥저
기원전 108~313년
낙랑군
기원전 2333~108년
고조선
기원전 107~기원전 37~668년
고구려
기원전 18~660년
삼한    백제
사비 천도(538년)
남부여 국호 변경
(538~554년)
기원전 57~676년
신라
42~562년
가야

고조선에서 부여, 남부여까지 나라와 국호가 계승된 역사를 강조해야 한다.

용하는 이유는 계승의식을 강조하기 위해서입니다. 이를 '국호 계승의식'이라고 부릅니다. 조선이라는 국호는 단군이 처음 사용했고 이성계와 김일성이 이어 사용했습니다. 고려라는 국호는 고구려, 궁예, 왕건이 사용했고 지금의 대한민국 영문 국호 코리아로 이어지고 있습니다. 이렇게 우리 역사의 국호만 확인해도 고조선, 부여, 고구려의 역사는 중국사가 아닌 한국사임을 금방 알 수 있습니다.

성왕의 남부여 국호 변경은 특히 의미가 있습니다. 오래전의 나라 이름을 새 나라의 이름으로 사용한 사례는 성왕의 남부여가 최초이기 때문입니다. 성왕의 사례가 있었기에 다음 나라들도 이러한 방식으로 나라 이름을 지을 수 있었습니다. 남부여는 우리나라 국호 계승의식의 출발점이자 부여의 역사가 중국의 역사가 아닌 대한민국의 역사임을 보여 주는 유력한 증거입니다.

생소했던 부여는 알고 보니 고구려보다 먼저 고조선을 계승한 나라였고, 백제와 고구려의 유래가 된 나라였어요. 한국사에서 중요한 위치를 차지하는 것에 비해 잘 알려져 있지 않은 나라죠. 부여는 멸망했지만 나라 이름은 이후에도 계속해서 부활했어요. 성왕이 고구려가 멸망시킨 부여를 다시 계승하겠다는 의지를 담아 백제에서 '부여'로 나라 이름을 바꾸었어요. 성왕의 부여는 북부여와 구분하기 위해 '남부여'라고 불리기도 해요. 비록 성왕의 죽음과 함께 부여라는 이름도 역사 속으로 사라졌지만, 그의 국호 변경은 후대에 큰 영향을 미쳤어요. 오래전에 사용된 나라 이름을 새 나라의 이름으로 지은 최초의 인물이 백제 성왕이었기 때문이에요. 부여라는 이름은 또다시 살아남아 여전히 충청남도의 지명으로 전해지고 있어요.

# 부여가 북부여와
# 동부여로 나뉜 이유

처음에 부여라는 나라가 있었습니다. 그런데 단군의 아들 해부루가 부여에서 동쪽으로 가 나라를 새로 세웠습니다. 그러고는 자신이 세운 나라가 진정한 부여라고 선포하죠. 이에 사람들은 기존의 부여가 있었으니 해부루의 부여는 동쪽에 세워진 부여라고 하여 '동부여'라고 불렀습니다.

그런데 훗날 동부여가 부여와 대등한 위치에 이르자 원래의 부여를 동부여의 북쪽에 있다고 하여 '북부여'로 칭하게 되었습니다. 따라서 북부여는 새로 생긴 나라가 아니라 동부여와 구분하기 위해 명칭이 바뀐 최초의 부여인 것입니다. 북부여 사람들은 자신의 나라를 부여로 일컫고 상대를 동부여라 칭했으며, 동부여 사람들도 마찬가지로 자신의 나라를 부여로 일컫고 상대를 북부여라 칭했답니다.

지금의 대한민국이 스스로를 한국, 북쪽 국가를 북한이라고 부르는 반면, 조선인민공화국에서는 한국을 남조선이라고 부르는 것과 같은 이치입니다. 훗날 백제 성왕이 나라 이름을 부여로 바꿨는데 이를 '남부여'라고 칭했죠. 이것 또한 북부여와 구분하기 위해 남부여라고 편의상 이름 붙인 것이었습니다.

# 성왕의 꿈이 담긴
# 무령왕릉과 대통사

475년에 백제의 제21대 개로왕은 고구려 장수왕에게 죽임을 당하였고 수도 한성도 함락되었습니다. 개로왕의 동생인 문주왕은 도읍을 웅진으로 옮겼지만 정국은 여전히 불안하였습니다. 왕권은 약화되고 귀족 세력의 영향력은 커 갔죠. 결국 문주왕도 귀족 세력에게 시해당하였고, 아들 삼근왕이 다음 왕으로 올랐으나 그마저도 어린 나이에 죽었습니다. 그다음 동성왕도 왕권 강화 정책에 반발하는 세력에게 시해당했습니다. 그다음으로 왕위에 오른 제25대 무령왕만이 천수를 누렸죠.

무령왕의 아들 성왕은 웅진으로 천도 이후 이렇게 오랜 기간 실추되었던 왕실의 권위를 회복하고자 아버지의 장례를 성대

# 공주 무령왕릉

성왕은 왕권을 회복하기 위해 아버지 무령왕의 장례를 3년 동안 성대하게 치렀다.

하게 치렀습니다. 왕권을 강화하고 강한 백제를 만들기 원했습니다. 무령왕의 장례를 3년 동안 성대하게 치르면서 무령왕릉을 공들여 만든 것도 무령왕에서 성왕으로 이어지는 왕실의 권위를 세우고자 한 것이었죠.

성왕은 무령왕릉 조성에 그치지 않고 무령왕의 명복을 비는 대통사도 창건했습니다. 대개 대통사의 '대통'을 중국 양무제의 연호로 보고 그를 위해 지은 절이라고 하지만 저는 다르게 봅니다. 대통사의 '대통'은 '대통불'을 의미합니다. 대통불은 석가모니보다 수십 겁 전에 나타난 부처님이라고 앞선 편지에서 설명했죠. 절 이름을 대통이라고 지음으로써 백제가 아주 오래 전부터 부처님의 나라였다는 점을 보여 주려는 것입니다.

『법화경』에 따르면 대통은 전륜성왕의 아들이었는데 출가하여 부처님이 되었다고 합니다. 대통불은 '위덕불'이라고도 불립니다. 대통불에게는 16명의 아들이 있었습니다. 큰아들이 '지적', 막내아들이 '석가모니'였습니다. 석가모니는 '법왕'이라고도 불립니다. 16명의 왕자는 아버지에 이어 출가하여 8방으로 2명씩 나뉘어 부처님이 되었다고 합니다. 그런데 이 인물

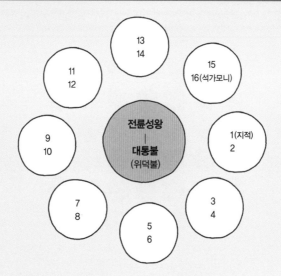

**대통불 가문의 계보**

13
14

15
16(석가모니)

11
12

전륜성왕
|
대통불
(위덕불)

1(지적)
2

9
10

7
8

3
4

5
6

대통불의 16명 왕자는 8방으로 2명씩 나뉘어 부처님이 되었다.

들의 이름이 익숙하지 않나요? 전륜성왕은 백제의 제26대 성왕으로, 그의 아들 대통불위덕불은 제27대 위덕왕으로, 대통불의 막내아들 석가모니법왕는 제29대 법왕으로 대응할 수 있습니다. 즉, 성왕은 『법화경』에 나오는 전륜성왕 – 대통불 – 석가모니의 계보를 왕실에 접목해 왕실의 신성성을 고양한 것입니다.

이러한 의도는 성왕이 조성한 무령왕릉에도 드러납니다. 왕과 왕비의 능은 수많은 연꽃무늬로 장식되어 있습니다. 무덤을 이루는 벽돌, 무령왕과 왕비의 베개, 동탁은잔, 관 등에도 연꽃무늬를 사용했습니다. 그 문양은 다 같지 않고 잎의 개수가 달

**8엽의 연꽃무늬 금꾸미개**

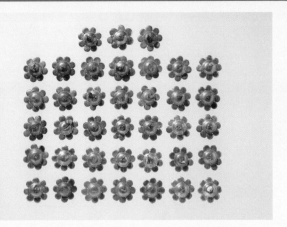

8엽의 연꽃무늬가 사용되기 시작한 것은 무령왕릉이 조성되고 대통사가 창건되면서부터다. 무령왕릉에서 출토되었다.

추신 일곱

랐는데요. 8엽이 가장 많으며 6엽, 9엽, 16엽 등 다양합니다. 8
엽의 연꽃무늬는 수도가 한성이었던 시기에는 보이지 않았기
때문에 주목할 필요가 있습니다. 대통사 터에서 출토된 수막새
의 연꽃무늬도 8엽이 대다수였는데요. 이 시기를 기점으로 8
엽의 연꽃무늬가 백제의 대표적인 연꽃무늬로 자리 잡았습니
다. 그렇다면 이것이 무령왕릉이 조성되고 대통사가 창건된 무
렵에 등장하게 된 배경은 무엇일까요?

숫자 8은 이미 좋은 의미를 담고 있다고 널리 알려져 있기에
어떤 하나의 특정한 이유만 있다고 보기는 어렵습니다. 청동기

**동탁은잔의 뚜껑과 받침**

뚜껑에는 8엽의 연꽃무늬가 3겹으로 퍼져 있다. 받침에는 16엽의 연꽃무늬가 새겨져 있다.
무령왕릉에서 출토되었다.

시대의 대표 유물 팔두령도 방사형으로 8개의 돌기가 있고, 우리가 흔히 쓰는 사방팔방이라는 표현에도 8을 뜻하는 한자가 들어가 있으니까요.

　다만 백제가 즐겨 사용한 8엽의 연꽃무늬는 앞서 설명한『법화경』의 아들 16명이 8방으로 2명씩 나뉘어 부처가 되었다는 이야기를 떠올리게 합니다. 무령왕릉에서 발굴된 동탁은잔의 뚜껑에도 8엽의 연꽃이, 받침에도 16엽의 연꽃이 새겨져 있는데 이 역시『법화경』의 내용과 연관이 있어 보입니다.

　성왕은 538년에 웅진에서 사비로 다시 천도를 단행했는데,

### 8엽의 연꽃무늬 기와

한 잎에 2개의 작은 잎을 품고 있어 안쪽에는 16엽의 연꽃무늬가 생겼다. 부소산성 터에서 출토되었다.

사비에 있는 부소산성에서도 여러 연꽃무늬 기와가 발견되었습니다. 마찬가지로 8엽이 기본이지만 잎 안에 작은 잎이 2개 더 들어 있어 16엽의 연꽃무늬도 새로 등장했습니다. 이와 함께 '대통'이라는 한자가 찍힌 기와도 부소산성에서 출토되었습니다. 『법화경』「화성유품」에서 대통불은 중생들이 지쳐 있을 때 '화성化城'을 지어 쉬게 하였다고 합니다. 그러니 기와에 16엽의 연꽃무늬를 새긴 것은 대통불이 화성을 만들어 중생들을 쉬게끔 했듯이 새로 천도하는 사비의 부소산성도 백성에게 그러한 곳이 되도록 그 의미를 담은 것이 아닐까요.

# 슬픈 사연이 담긴
# 동아시아 최고의 예술품

충청남도 부여에는 이것만 보러 갈 정도로 유명한 백제의 유물이 있습니다. 바로 동아시아 최고의 공예품으로 평가받는 '백제금동대향로'입니다. 부여는 뉴스레터 〈나만의 한국사 편지〉의 구독자들과 출판사 유물시선이 펴낸 첫 책 『백제금동대향로 동물백과』의 독자들과 처음 떠난 답사지였습니다. 백제금동대향로를 좋아한다는 공통점 하나로 40여 명이 모여 부여를 한 바퀴 돌며 백제인의 마음을 상상해 봤습니다.

첫 목적지는 백제금동대향로가 전시되어 있는 국립부여박물관이었습니다. 백제금동대향로는 향로 아래에서부터 용, 연꽃, 산, 악사, 봉황의 순서로 구성됩니다. 물속에서 솟아오르는

## 백제금동대향로

동아시아 최고의 공예품으로 평가받는다. 국립부여박물관 제2전시실에 전시되어 있다.

듯한 힘찬 용과 하늘에서 날아와 향로 꼭대기에 앉은 봉황도 압권이지만 몸체의 연꽃과 뚜껑의 산에 조각된 수많은 형상도 하나하나 예술입니다. 특히 산봉우리마다 조각된 5명의 악사는 다른 향로에서 찾아볼 수 없는 백제금동대향로만의 특징입니다.

백제금동대향로의 구성을 기승전결과 '화생전변化生轉變'의 원리로 나름대로 해석해 봤습니다. 용, 연꽃, 산, 악사, 봉황으로 이루어진 향로는 잘 짜인 하나의 이야기를 연상하게 만듭니다. 화생전변의 화생化生이란 '특별한 원인 없이 태어나는 것'을 의미하며 흔히 연꽃에서 사람이 태어나거나 불상이 태어나는 것을 연화생蓮化生이라고 합니다. 고구려의 고분벽화에는 연꽃 안에서 두 사람의 얼굴이 나타나는 형상이 새겨져 있습니다. 저세상에서 다시 태어나 부부의 인연을 맺기를 바라는 마음이 담겨 있는 것이죠. 향로의 연꽃에서는 산이 솟아났고, 그곳에는 온갖 동물과 사람이 뛰놀고 있습니다. 으레 향로에는 산 위에 봉황을 배치하는데 백제금동대향로만은 특이하게 음악을 연주하는 5명의 악사를 중간에 배치했습니다. 이로써 봉황이 하늘에서 날아와 앉은 모습을 더욱 역동적으로 보여지게끔 만듭니다. 이러한 모습을 전변轉變이라고 부릅니다. 전변은 '사물과 사물의 관계가 고정되지 않고 끊임없이 굴러 변화함'을 의미합니다. 세상의 모든 것이 평면으로 존재하는 것이 아니라 끊임없는 의식과 인연으로 생기고 소멸한다는 의미입니다.

향로에서 용은 물속에 있다가 하늘로 솟아오르는 신통한 조화를 일으키는 동물입니다. 용의 입에서는 신령한 기운이 솟아나며 여러 모습으로 변화되어 펼쳐집니다. 보통 백제금동대향로의 용이 연꽃을 물고 있다고 설명하나 제게는 용이 연꽃을 뿜어내고 있는 모습처럼 보입니다.

즉, 전변의 시작은 용이었습니다. 용이 연꽃을 뿜어내는 것을 용전변, 연꽃에서 산이 솟아나는 것을 연화생, 다섯 악사의 음악으로 봉황이 날아오는 광경은 악전변이라 해석하였고, 이를 '화생전변'이라는 용어로 통합해 보았습니다. 백제금동대향로는 조각 하나하나로도 아름답고 향로를 구성하는 요소 하나하나가 모여 화생전변의 원리로 합해지며 더욱 황홀한 아름다움을 연출합니다.

그렇다면 이렇게 아름다운 향로는 어떤 이유로 만들어지게 된 것일까요? 백제금동대향로에는 사실 슬픈 사연이 숨겨져 있었습니다. 향로는 제27대 창왕위덕왕 때 만들어졌습니다. 554년에 성왕은 신라군과 싸우던 아들 창을 격려하고자 50여 명의 병사를 이끌고 길을 나섰다가 매복 중이던 적의 공격을 받고 비참한 죽음을 맞이했습니다. 이에 창이 보복하고자 하였으나 참패하고 말았습니다. 신라와 백제의 운명을 바꾼 관산성전투에서 일어난 일이었죠.

신라는 성왕의 목을 서라벌경상북도 경주로 가져가 북청 계단 밑에 묻어 사람들이 오가며 밟게 하였습니다. 창왕은 참담한 상황 속에서 아버지의 시신을 되찾고자 군사를 일으켜 신라로 쳐들어갔습니다. 신라는 죽기 살기로 덤벼드는 백제군에게 끝내 성왕의 시신을 돌려보낸 것 같습니다. 그렇게 돌아온 아버지의 시신을 붙잡고 창왕은 울부짖으며 장례를 치렀겠지요. 관산성 전투에서 패전하여 3만여 명의 군사를 잃었고 아버지 성왕을 죽게 만들었다는 죄책감에 힘겨워했습니다. 물려받은 왕위도 허망하게 느껴졌습니다. 아버지의 명복을 빌기 위해 속세를 떠나 승려가 되려 하자 신하들이 말린 일도 있었습니다. 대신 100명의 승려를 출가시켜 아버지의 명복을 빌게 했죠. 성왕의 빈전<sup>땅에 묻기 전 시신을 안치하는 장소</sup>은 지금의 부여 왕릉원 바로 옆에 마련되었고 3년 상을 치렀습니다.

백제금동대향로는 이러한 과정에서 성왕의 명복을 빌기 위해 아들 창왕이 만든 향로입니다. 뚜껑에 조각된 산 부분에는 10개, 봉황이 조각된 부분에는 2개의 구멍이 뚫려 있습니다. 이 구멍들로 피어오르는 향연<sup>香煙</sup>에는 아버지를 기리는 아들의 애틋한 마음이 담겨 있습니다.

성왕의 3년 상이 끝난 자리에는 절이 들어섰습니다. 이름은 남아 있지 않아 알 수 없고 능 옆에 세워졌다 하여 능사<sup>陵寺</sup>라고 불립니다. 이곳 능사에 세워진 목탑 자리에서 사리<sup>舍利, 석가모니의 유골</sup>를 안치했던 창왕명석조사리감이 발견되었습니다. 창왕명

## 창왕명석조사리감

성왕의 명복을 빌기 위해 딸 매형공주가 사리를 공양했다. 국립부여박물관 제2전시실에 전시되어 있다.

석조사리감은 백제금동대향로가 전시되어 있는 전시실 바로 앞에 놓여 있습니다. 사리감에는 "창왕 13년567년 성왕의 딸이자 창왕의 맏누이인 매형공주가 사리를 공양했다"고 쓰여있습니다. 이 사리감에는 아버지의 명복을 빌기 위해 목탑을 세우고 사리를 봉안한 딸의 사랑이 배어 있었습니다.

국립부여박물관 불상실 한쪽에는 왕흥사 사리기가 전시된 작은 독방이 있습니다. 백마강 건너편 왕흥사 터에서 발견된 사리함과 사리병입니다. 큰 사리함에는 "577년 창왕이 죽은 왕

창왕은 어린 아들마저 병으로 잃은 비운의 왕이었다. 국립부여박물관 제3전시실에 전시되어 있다.

자를 위해 탑을 세우고, 사리를 봉안했다"라는 글이 새겨져 있습니다. 창왕은 554년부터 598년까지 45년간 오랫동안 왕위를 누리어 언뜻 보기에는 복 받은 왕 같지만 가족을 잃은 슬픔을 간직했던 비운의 왕이었습니다. 자신 때문에 아버지 성왕이 죽었다는 죄책감을 안고 살았고 어린 아들마저 병으로 일찍 세상을 떴습니다. 그는 백마강 건너편에 죽은 아들을 위한 절을 세웠습니다. 아들이 생각날 때마다 부소산에 올라 건너편으로 보이는 탑을 보며 아들에 대한 그리움을 달랬을 것입니다.

글씨가 새겨져 있는 조그마한 나무조각인 목간도 여러 개 전시되어 있습니다. 그중 능사에서 출토된 '자기사'라는 목간에는 자식에 대한 애틋한 마음이 담겨 있습니다. 언뜻 자기사라는 이름만 들으면 로맨틱한 내용이 들어 있을 것 같지만 자기사子基寺는 자식을 위해 세운 절을 뜻합니다. 이 유물로 창왕이 죽은 왕자를 위해 세운 절 이름이 원래는 자기사였다가 훗날 왕흥사로 바뀌었을 가능성을 점쳐볼 수 있게 되었습니다. 어쩌면 자기사 혹은 왕흥사는 관산성전투에서 패한 3만여 명 병사들의 원혼을 달래기 위해 세워진 것일 수도 있겠습니다. 그들

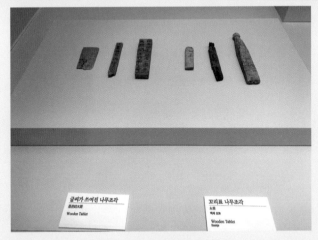

여러 목간

자기사 목간은 왼쪽에서 네 번째 목간이다. 국립부여박물관 제2전시실에 전시되어 있다.

궁남지는 서동과 선화공주 이야기의 주인공인 무왕이 만들었다. 연못 한가운데에 포룡정이
보인다.

한 명 한 명 모두 백제의 소중한 자식들이기 때문입니다.

국립부여박물관 관람을 마치고 점심 식사 후 궁남지로 향했
습니다. 궁남지는 서동과 선화공주 이야기의 주인공인 무왕이
만들었습니다. 식사 후 한가롭게 산책하기 좋은 곳입니다. 궁
남지 연못 한가운데에 포룡정이라는 정자가 하나 있습니다. 예
전에는 이 자리에 신선이 사는 방장선산이 있었다고 전해집니
다. 그 모습은 어땠을까요? 백제금동대향로의 산처럼 그 생김
새가 대단했을 것 같습니다.

궁남지를 둘러보고 성왕과 창왕 등이 묻힌 부여 왕릉원과 그 옆 백제금동대향로와 창왕명석조사리감이 출토된 능사도 다녀왔습니다. 마지막으로 백제가 멸망한 기록이 남아 있는 정림사지5층석탑 앞에서 답사를 마무리했습니다.

정림사지5층석탑의 기단에는 백제가 멸망하던 660년에 백제인이 남겼을 것으로 추정되는 글이 새겨져 있습니다. 그런데 놀랍게도 백제가 아닌 백제를 멸망시킨 당나라 장군 소정방의 업적이 적혀 있습니다. 아마 중국 사람이 지었던 비문을 백제인이 옮겨 새긴 것으로 보입니다. 정림사지5층석탑은 백제인

**정림사지5층석탑**

정림사지5층석탑 기단에는 백제를 멸망시킨 당나라 장군 소정방의 업적이 적혀 있다.

의 세련미와 창의성을 엿볼 수 있는 탑이라고 하여 백제의 상징과도 같았습니다. 그런데 그러한 탑에 멸망의 역사가 쓰일지 누가 알았을까요. 더군다나 적군의 업적이 적혔죠. 그러나 나라가 망하였다고 해서 그 나라가 완전히 없어지는 것은 아닙니다. 멸망의 시기에 급하게 땅에 묻혔다가 약 1,400년 만에 우리에게 온전한 모습을 드러냈던 진흙 속의 백제금동대향로처럼, 백제의 뛰어난 문화와 창조 능력은 다시 피어나 우리 역사를 이끌어가는 원동력이 될 것이기 때문입니다.

# 백제의 멸망과
# 후백제의 건국

멸망의 기로에서
백제의 창조성을 떠올리다

## 집배원 부의 여는 말

국립중앙박물관 백제실에는 "백제 왕업 어디 가고 부소산만 남았는가 … 고색창연 낙화암은 아득한 꿈이어라"라는 멸망의 순간을 남긴 시가 소개되어 있어요. 반면 국립공주박물관에 가 보면 이런 글귀를 발견하게 돼요. "삼한 가운데 백제가 가장 강하고 문화가 발달하였다." 조선시대 실학자 정약용의 『여유당전서』에 나오는 글귀예요. 상반된 평가죠. 백제의 멸망은 여태까지 '의자왕과 삼천궁녀'라는 이야기로 대표되어 과하게 부정적으로 그려져 왔어요. 그러나 백제는 역사상 유례없는 창조성을 보여 준 나라예요. 역사 이래 이런 나라는 없었지요. 멸망 이야기에 가려져 우리가 몰랐던 백제의 독특함을 알아보도록 해요.

여덟 번째 편지

# '의자왕과 삼천궁녀'에
# 숨겨진 진실

"아름다운 이 땅에 금수강산에 단군 할아버지가 터 잡으시고 홍익인간 뜻으로 나라 세우니….” 전 국민이 아는 동요 〈한국을 빛낸 100명의 위인들〉에 나오는 가사입니다. 1절을 쭉 부르다 보면 마지막에 이런 가사를 만납니다.

삼천궁녀 의자왕

황산벌의 계백 맞서 싸운 관창

― 〈한국을 빛낸 100명의 위인들〉, 박문영 작사 · 작곡

이 동요의 영향 때문인지 많은 사람이 백제의 마지막을 계백과 관창의 싸움으로만 기억합니다. 그러나 당연히 한 나라의 멸망이 그렇게 단편적일 수는 없겠죠. 그러면 실제 백제의 마지막은 어떤 모습이었을까요?

백제의 마지막을 지킨 인물은 계백 장군이었습니다. 계백이 황산벌싸움을 위해 이끌고 간 군사의 수는 단 5000명이었습니다. 반면 신라에서는 김유신 장군이 5만 명을 이끌고 왔죠. 백제군은 턱없이 부족한 병력이지만 결기 하나로 몇 번의 전투에서 승리했습니다. 그러나 시간이 갈수록 수세에 몰릴 수밖에 없는 상황이었습니다.

신라에서는 화랑 반굴과 관창이 목숨을 걸고 적진으로 돌진하여 신라군의 사기를 북돋았습니다. 그러나 어리고 용맹했던 관창이 적진에서 계백에게 사로잡혀 목이 베어 돌아오자 신라군은 분기탱천하여 싸웠습니다. 결국 계백과 오천 결사대는 장렬히 전사하였습니다. 이후 열흘 만에 의자왕이 항복하며 660년에 백제는 멸망했습니다.

의자왕과 삼천궁녀 이야기는 어떨까요? 술과 여자에 빠져 궁녀를 3,000명이나 두었다는 의자왕과 사비성이 함락된 날 그 궁녀들이 낙화암 아래 백마강에 몸을 던졌다는 이야기는 과거 일제강점기 때 만들어져 지금 우리에게까지 꾸준히 전해졌습니다.

1925년 〈동아일보〉 9월 9일 자에는 "3천 궁녀가 함몰했다는 낙화암을 비 오는 날에 들러 보고"란 구절의 기사가 실렸습니다. 그리고 윤승한 작가의 소설 『김유신』과 구슬픈 대중가요 〈백마강〉으로 삼천궁녀 이야기는 더 유명해졌습니다. 이후 미군정기에 제작된 역사 교과서와 1963년 이홍직이 편찬한 한국사 사전 『국사대사전』 중 '낙화암' 부분에 의자왕과 삼천궁녀 이야기가 수록되었습니다. 〈낙화암과 삼천궁녀〉라는 제목의 영화도 1960년에 만들어졌습니다.

여기까지가 우리가 흔히 알고 있는 멸망하는 백제의 모습입니다. 그러나 여러 대중매체로 알려진 의자왕과 삼천궁녀 이야기는 사실과 사뭇 다릅니다. 우선 궁녀의 수가 3000명이나 되었다는 것은 과장입니다. 당시 백제 또는 사비성의 인구를 고려했을 때 궁녀가 3000명이나 될 수 없습니다. 『삼국사기』에 따르면 백제가 멸망할 당시 전체 인구를 약 380만 명으로 추정할 수 있습니다. 조선시대 영·정조 때 인구를 700만으로 추정하는데, 그때 궁녀의 수는 평균 500~600명 정도였습니다. 그러니 어떤 이야기가 과장되었다면 그것에는 다른 의도가 담겨 있다고 볼 수 있습니다.

　의자왕과 삼천궁녀 이야기에는 조선을 식민화한 일제가 백제의 멸망 원인을 의자왕의 향락이라고 강조하고 싶어 했던 의도가 담겨 있습니다. 비슷하게 일제는 포석정을 고적 제1호로 지정하기도 했는데, 이 역시 신라의 경애왕이 포석정에서 술을 마시다가 죽임을 당했던 일을 부각하기 위했던 것입니다. 신라의 멸망도 경애왕의 향락 때문이었다고 전하려는 의도였던 것이죠.

## 해동증자 의자왕의
## 오판

　지금부터는 조금 덜 알려진 이야기를 꺼내 보려고 합니다. 백제는 신라에 꽤나 공세적이었습니다. 의자왕 2년642년에 벌어졌던 대야성전투에서 백제는 신라 서남부의 주요한 거점이었던 대야성경상남도 합천을 함락시키고, 그곳을 방어하던 김품석과 그의 가족들을 전사시켰습니다. 김품석은 훗날 신라의 무열왕이 되는 김춘추의 사위였죠. 신라의 실세 중 실세였던 김춘추는 죽은 딸과 사위의 원수를 갚고자 절치부심했습니다.

이렇게 의자왕 재위 초기의 모습은 말기와 사뭇 달랐습니다. 그는 공자, 맹자 등과 함께 유교의 5대 성인으로 손꼽히는 효孝의 실천자 증자에 비견되어 '해동海東의 증자'라고 불리기도 했습니다.

그러나 후기로 접어들며 의자왕은 점차 독단적으로 정국을 운영하기 시작했습니다. 왕자와 서자 41명을 백제의 최고위 관등인 좌평으로 임명한 반면 충심으로 간언하던 성충, 흥수 같은 신하들을 무시하고 감옥에 가두었습니다. 의자왕의 가장 큰 패착은 신라를 백제보다 한 수 아래라 여기며 자만한 데에 있었습니다. 설마 당나라가 신라와 손을 잡고 백제를 공격할 것이라고는 생각하지 못한 것입니다. 그도 그럴 것이 온조가 백제를 건국한 이래 중국이 바다 건너 한 번도 쳐들어온 적이 없었기 때문입니다.

그런데 신라가 당나라와 손을 잡고 백제를 친 것입니다. 신라는 대야성전투에서 백제에 패하고 고구려의 연개소문에게 압박당하며 위기를 겪자 당나라와 동맹을 맺은 것입니다. 마땅한 대책도 마련하지 못하고 위기에 처한 의자왕은 뒤늦게나마 계백과 오천 결사대로 황산벌에서 신라를 막아 보려 했지만 역부족이었습니다. 의자왕도 수도 사비에서 나와 웅진으로 퇴각하여 신라군을 막으려 했지만 성주 예식진이 배신하여 의자왕을 사로잡아 당나라 장수 소정방에게 항복했습니다.

# 백제의
# 창조성과 독창성

우리는 백제의 멸망을 두고 의자왕과 삼천궁녀라고 비아냥 거리며 망할 만하니까 망했다고 말합니다. 하지만 어느 나라든 멸망을 앞둔 모습은 비슷합니다. 정치는 문란하고 왕은 무력하죠. 따라서 한 나라를 평가할 때는 멸망의 시점만 확인해서는 안 됩니다. 그 나라가 건국부터 멸망까지 해낸 일이 무엇인지 두루 살펴보는 게 더 중요합니다.

백제는 어떤 나라였을까요? 근초고왕이 일본에 하사한 칠지도에는 이런 글귀가 쓰여 있습니다. "선세이래 미유차도先世以來未有此刀" 역사 이래 이런 칼은 없었다는 뜻입니다. 백제는 칠지도를 비롯하여 누구도 흉내 낼 수 없는 창조적인 방식의 유물과 유적을 남겼습니다. 삼존불의 가운데에는 반드시 부처님이 있어야 한다는 편견을 깨고 보살을 위치시킨 태안마애보살삼존불상, 감히 서 있는 부처님 옆에 앉아 있는 보살을 새긴 서산마

여덟 번째 편지

## 칠지도

근초고왕이 일본에 하사한 칼로 "역사 이래 이런 칼은 없었다"라는 글귀가 적혀 있다.

## 태안마애보살삼존불상과 서산마애삼존불상

삼존불 가운데에는 반드시 부처님이 자리해야 한다는 편견을 깼다. 그리고 서 있는 부처님 옆에 앉아 있는 보살을 조각했다.

애삼존불상, 향로에 5명의 악사를 배치하여 예술성을 높인 백제금동대향로, 세계 최초로 3개의 탑을 나란히 세운 전라북도 익산 미륵사가 모두 백제의 것입니다. '역사 이래 이런 ○○은 없었다'라는 평가가 이보다 잘 어울리는 나라가 또 있을까요.

백제가 우리 역사에 남긴 것은 창조성과 독창성입니다. 지금도 그 능력들은 다시 살아나 우리 문화를 이끌어 가고 있죠. 그렇다고 백제가 맥없이 스러진 것도 아니었습니다. 끝까지 나라를 지키려고 했던 계백과 오천 결사대의 장엄함이 있었기에 백제는 이후 다시 살아날 수 있었습니다.

## 익산 미륵사 터 석탑

중앙의 목탑은 소실되었고 현재 동탑(왼쪽)과 서탑(오른쪽)만 남아 있다. 동탑은 새로 복원한 탑이다.

여덟 번째 편지

# 후백제로 부활한
# 백제

　백제는 멸망한 후 230년이 지난 뒤 부활했습니다. 백제를 멸망시킨 신라는 제51대 진성여왕 때부터 급격히 기울기 시작했습니다. 백성들의 삶은 말할 것도 없이 힘들었습니다. 불국사를 창건하여 부처님의 나라라 불릴 정도로 불교를 숭상했던 백성들이 재물을 훔치기 위해 해인사로 쳐들어간 일도 있었습니다.

　왕실이 약화되자 지방의 호족들이 점점 세력을 키워 갔는데, 견훤도 그러한 호족 출신이었습니다. 그는 신라가 내분으로 혼란한 틈을 타 서남해안 세력을 규합하여 892년 무진주<sup>전라남도 광주</sup>에 도읍을 정하고 '백제'를 세워 왕이 되었습니다. 다만 앞선 백제와 구분하기 위해 고려시대부터 견훤의 백제를 '후백제'라고 지칭하고 있습니다.

　비슷한 시기에 신라 왕자 출신으로 북쪽에서 세력을 형성하여 힘을 키운 궁예는 896년 송악<sup>개성</sup>에 고려를 세웠습니다. 견훤의 백제를 후백제로 부르듯이 궁예의 고려도 고구려의 고려와 구분하기 위해 '후고려'라 불리고 있습니다. 이로써 후백제, 후고려, 신라 세 나라가 다투는 삼국시대가 재현되었습니다.

이 시기를 후삼국시대라고 합니다.

견훤은 후백제를 세우면서 옛 백제의 영광이 재현되길 바랐습니다. 옛 백제가 부처님의 도시라며 신도神都 혹은 별도別都로 삼을 만큼 중요시했던 지역인 익산과 가까운 완산전라북도 전주으로 도읍을 옮겼습니다. 그리고 제30대 무왕이 세웠던 익산 미륵사에서 옛 백제의 정신을 계승하겠다는 의미로 개탑開塔 의식탑을 열어 부처님의 사리를 친견하는 의식을 진행했습니다. 새로운 미륵의 나라를 열기 위한 통일의 의지를 다졌죠. 또 1개의 목탑과 쌍석탑의 3탑으로 이루어진 미륵사를 계승한다는 의미로 전라남도 강진 월남사에 쌍석탑을 세웠습니다. '바르게 연다'는 의미의 독자적인 연호 '정개正開'를 사용하기도 했습니다.

견훤이 새 나라의 이름을 다시 '백제'로 지은 것에는 어떤 의미가 있을까요? 이전에 성왕이 옛 부여를 계승하여 기존의 백제라는 나라 이름을 부여남부여로 바꿔 사용한 적이 있었습니다. 이는 오래전에 쓰인 나라 이름을 다시 사용한 첫 사례였죠. 그런데 견훤의 백제는 새로운 나라를 건국하는 순간부터 과거의 다른 나라 이름을 사용한 첫 사례로 볼 수 있습니다. 성왕은 중간에 국호를 바꿨던 것이지만, 견훤은 나라를 세울 때부터 국호를 옛 나라 이름인 백제로 지은 것입니다.

이를 기점으로 새 나라를 건국할 때도 과거의 나라 이름을 다시 사용하는 전통이 확립되었습니다. 궁예의 고려, 왕건의 고려, 이성계의 조선, 대한제국, 대한민국임시정부, 대한민국, 북한이 사용하는 조선 모두 나라를 세울 때부터 과거의 나라 이름을 다시 쓴 경우입니다. 국호로 역사를 계승하고 있는 것이죠. 흔히 역사는 과거의 일이라고 하지만 이러한 것을 보면 현재이자 미래의 일이기도 합니다.

무력한 왕, 문란한 정치는 시대를 막론하고 멸망을 앞둔 모든 나라에서 보이는 징조예요. 그렇기에 한 나라를 제대로 평가하기 위해서는 멸망의 시기만 아니라 건국부터 멸망에 이르는 전 시기에 걸쳐 어떤 업적을 세웠는지에 주목해야 해요. 비참한 최후로만 기억되는 백제는 창조적인 방식으로 유물과 건축물을 만들었던 그 어느 나라보다 독창적인 나라였어요. 이러한 옛 백제의 영광을 견훤이 새 나라의 이름으로 이어 갔어요. 옛 백제가 멸망한 지 230여 년이 지나서 '후백제'가 건국된 것이죠. 이로써 견훤은 새 나라의 국호를 옛 나라의 국호로 다시 사용한 최초의 인물이 되었어요. 이후 궁예도 옛 고구려의 고려를 잇는다는 뜻으로 후고려를 건국했죠. 견훤의 후백제를 기점으로 건국 시 옛 나라 이름을 다시 사용하는 전통이 확립되었어요.

# 세상 어디에도 없는
# 유일한 모양의 칼

칠지도는 백제의 영광과 자부심을 드러내는 대표 유물로 근초고왕이 일본에 하사한 칼입니다. 그런데 칠지도는 일반적인 칼과 다른 특이한 모양을 하고 있습니다. 왜 이런 모양으로 만들어졌는지 특별히 밝혀진 바는 없습니다. 가지를 뜻하는 칠지도의 '지호,枝' 자를 7개의 가지로 형상화한 것이라 짐작할 뿐입니다.

그런데 여러분은 칠지도의 가지가 몇 개로 보이나요? 개수를 세다 보면 가지가 7개가 아니라 6개가 아닌가 하는 의문이 듭니다. 그래서 19세기에 일본에서 처음 발견되었을 때는 육차모, 육지도라고 불리기도 했습니다. 나중에 칼등의 앞뒤에

7개의 가지를 형상화하여 만든 것으로 추측한다. 한성백제박물관 제2전시실에 재현품이
전시되어 있다.

쓰인 명문이 발견되었는데 여기에 "칠지도七支刀"라고 적혀 있
어 이와 같이 부르게 되었습니다.

그러면 백제인들은 가지가 6개처럼 보이는 칼에 왜 칠지도
라는 이름을 붙인 걸까요? 칼끝까지 가지로 보고 7개라고 생각
한 것일까요? 그러나 식물의 가지를 셀 때 우리는 가운데 부분
을 줄기라고 생각하지 가지라고 생각하지 않습니다. 그래서 줄

기 1개와 가지 6개를 합쳐 칠지도라고 불렀을 수도 있습니다.

칼등에 적힌 "선세이래 미유차도先世以來 未有此刀"처럼 정말로 이러한 모양의 칼은 세상 어디에도 없었습니다. 이렇게 특이한 모양을 만들었다면 참고했을 무언가가 있었을 것입니다. 바로 '일경육수'를 떠올렸습니다. 일경육수一莖六穗는 '줄기 1개에 6개의 이삭'을 뜻하는데 이 벼의 모양이 칠지도의 형태와 유사한 면이 있기 때문입니다. 근초고왕은 일경육수를 본뜬 칠지도를 만들어 하늘에 제사를 드리거나 여러 중요한 의례에 사용했을 것입니다. 그중 하나를 왕의 권위를 드러내기 위해 일본에 하사한 것입니다.

칠지도는 백제 최고의 전성기에 탄생했습니다. 근초고왕은 남쪽으로는 마한을 압박하고 북쪽으로는 고구려와 싸워 고국원왕을 전사시켰습니다. 중국 요서까지 진출을 노리기도 했죠. 칠지도는 백제의 세력이 사방으로 퍼져 나가는 분위기 속에서 만들어졌습니다.

그러나 정확히 언제 만들어졌는지는 알 수 없습니다. 다만 칼의 명문에는 "태화 4년 5월 16일 병오"라고 날짜가 적혀 있어 시기를 추측할 뿐입니다. 학계에서는 태화를 중국 동진의 연호로 보고 이 시기를 369년으로 추측하고 있습니다. 근초고왕 24년 때입니다. 칠지도 재현품을 전시 중인 한성백제박물관에서도 이렇게 설명하고 있습니다.

하지만 통설이 맞다고 확신할 수 없는 이유는 칼의 명문대로 태화 4년 5월 16일이 병오가 아니기 때문입니다. 369년에 만든 것이 맞다고 주장하는 사람들은 중국의 사상가 왕충의 저서 『논형』을 근거로, 옛사람들은 양 또는 불의 기운이 가장 센 5월 병오에 칼을 많이 만들어서 '5월 병오'라는 말이 널리 쓰였기에, 실제로 칼을 만든 날이 5월 ○○일 병오가 아니더라도 그렇게 표기한 것이라고 말합니다. 그러나 연호 태화에 근거한 369년에는 5월 27일이 병오에 해당하므로 굳이 같은 5월에 27일이 아닌 16일을 쓸 이유가 없습니다. 중국에서 만든 칼과 거울의 제작 연대를 살펴봐도 같은 달의 병오를 피해 다른 날을 쓰고 병오라고 표기한 예가 없습니다. 따라서 칠지도를 369년에 만들었다는 것은 잘못된 의견일 확률이 높습니다.

저는 그 시기 즈음하여 5월 16일이 병오였던 연도를 찾아보았습니다. 269년, 362년, 455년, 486년, 548년, 579년이 있었습니다. 『일본서기』 「신공기」에 신공 52년372년에 백제가 일본에 칠지도를 건네주었다는 내용이 있는 것으로 보아 362년 5월 16일 병오가 현재로서는 가장 유력합니다. 362년은 근초고왕 17년이었던 해입니다. 판독이 확실하지는 않지만 근래에 칠지도에 쓰인 날짜를 5월 16일이 아닌 11월 16일로 보기도 하는데 11월 16일 병오는 408년 11월 16일입니다. 5월이든 11월이든 중국의 연호 태화로는 날짜가 맞지 않습니다. 이로써 저는 중국이 아닌 백제가 이 당시 독자적인 연호로 '태화'를 사용했을 것이라 추측해 봅니다. 비슷한 시기의 고구려에서는 391년에 광개토태왕이 영락이라는 독자적인 연호를 썼는데, 백제가 고구려보다 조금 더 먼저 독자적인 연호를 사용했다고 볼 수도 있겠습니다.

백제가 일본에 칠지도를 하사한 의미에 대해서는 여러 가지 견해가 있습니다. 처음 일본에서 발견되었을 때 일본에서는 백제가 일본에 헌상한 칼이라고 주장하였고, 우리는 백제가 일본에 하사한 칼이라고 주장했습니다. 요즘은 백제가 일본에 건네줬다, 증여했다, 보내 줬다 등의 중립적인 표현을 사용하는 것 같습니다. 태화가 백제의 독자적인 연호이고 칠지도의 모양이 제사에 쓰이는 상서로운 의미의 일경육수 모양을 본뜬 것이라면, 천하의 중심임을 자부하는 칠지도의 하사적 성격은 더욱 명확해집니다.

현재 칠지도의 진품은 일본 이소노카미 신궁에 있습니다. 아

쉽지만 재현품이 전시되어 있는 한성백제박물관을 방문해 백
제의 전성기인 한성 시기의 유물들과 함께 관람해 보기를 바랍
니다.

추신 아홉

아홉 번째 편지

# 신라의 멸망과
# 고려의 건국

멸망 앞에서 천하삼분지계

신라는 무려 1,000년을 이어 온 나라였어요. 지금으로부터 1,000년 전이 언제인지 계산해 보니 고려 현종 때네요. 정말 오래됐죠? 막연하게만 느껴졌던 천 년이 한순간에 와닿아요. 그래서 다른 어느 나라의 왕보다 신라가 멸망하는 무렵의 왕은 까마득하게 느껴졌을 것 같아요. 설마 천 년을 이어 온 나라가 정말 멸망할까 싶은 생각도 들었을 테고요. 역사 속에서 망해 가는 나라를 되살리고자 무언가를 해 보려던 시도들은 거의 주목받지 못했는데요. 대부분 실패로 끝났기 때문이에요. 신라도 마찬가지였어요. 그러나 실패로 끝났다고 해서 그 노력이 없던 일이 되는 것은 아니에요. 천 년의 역사가 막을 내리기까지 신라는 어떠한 노력을 했는지 알아보아요.

아홉 번째 편지

# 1,000년 역사의
## 허망한 마침표

    태조 왕건이 고려를 세운 918년에 신라는 이미 쇠퇴하여 멸망의 기로에 서 있었습니다. 935년에 신라가 멸망하고 뒤이어 견훤이 세웠던 후백제도 936년에 멸망했습니다. 한 나라가 세워지면 오래갈 것 같지만 견훤의 후백제나 궁예의 후고려를 보면 그렇지만도 않습니다. 이에 비해 고려 500년, 조선 500년의 역사는 참 길죠. 그런데 신라는 무려 1,000년이나 역사를 이어 왔으니 나라가 멸망하는 순간에 얼마나 아쉬움과 여운이 컸을까요. 천 년의 역사를 마무리하는 신라의 마지막 왕은 무엇을 했을까요?

고조선의 마지막 왕 우거왕은 한나라와 마지막까지 싸우다가 목숨을 다했으며, 고구려는 신라와 당나라 연합군에 멸망하였지만 수나라의 침략을 물리쳤으며 당나라와의 전투에서 몇 번 이기기도 했습니다. 백제는 계백 장군과 5천 결사대가 황산벌에서 신라군과 맞서 싸우다가 장렬한 최후를 맞이했죠. 이런 것들에 비하면 신라의 마지막은 허망하기 그지없습니다.

신라의 제55대 경애왕은 경주 포석정에서 술잔치를 벌이다가 견훤의 습격을 받고 최후를 맞이했습니다. 견훤이 경애왕 다음으로 앉힌 경순왕은 왕위에는 올랐으나 실질적인 권한이 없는 허수아비 왕이었죠. 견훤의 후백제와 왕건의 고려가 삼국의 패권을 두고 다투던 때 신라의 설 자리는 점점 사라져 갔습니다. 930년에 고려가 고창전투에서 후백제를 물리치자 대세는 고려로 완전히 기울었습니다. 이 기세를 몰아 고려는 신라를 포섭하는 전략을 취했고, 마침 후백제는 내분으로 견훤이 폐위되는 상황에 이르렀습니다. 결국 힘이 없던 경순왕은 나라를 그대로 왕건에게 바치며 항복하죠. 1,000년 역사의 끝이 이렇게 허망하다니요.

그래도 『삼국사기』를 보면 경순왕의 아들 마의태자는 끝까지 멸망을 막아보려고 했던 것 같습니다. 마의태자는 "나라의 존망은 반드시 천명에 달려 있는 것입니다. 다만 충신忠臣·의사義士와 함께 민심을 수습해 스스로 수비하다가 힘이 다한 후에 그만두어야지, 어찌 1,000년 사직社稷을 하루아침에 가벼이 남에게 주는 것이 옳은 일이겠습니까"라고 읍소했습니다. 이에 경순왕은 "작고 위태로움이 이와 같아 형세가 나라를 보전할 수 없다. 이미 강해질 수 없고 또 약해질 수도 없으니 죄 없는 백성들의 간肝과 뇌장腦漿이 땅에 쏟아지게 하는 일을 나는 차마 할 수 없다"라고 답했습니다. 결국 마의태자는 울며 왕에게 하직하여 그 길로 개골산에 들어가 풀만 먹으며 살다가 생을 마쳤습니다. 경순왕은 고려에 항복하면서 왕건의 딸과 혼인하여 왕건의 사위가 되었습니다. 여기까지가 우리에게 일반적으로 알려진 신라 마지막 왕의 모습입니다.

## 김씨와 박씨의 왕위 투쟁

신라의 첫 왕은 박혁거세였습니다. 건국 초기에는 김씨, 박씨, 석씨가 교대로 왕위에 올랐습니다. 여러 부족이 함께 결성한 연맹 형태의 국가였기 때문에 세 왕족이 합의를 거쳐 왕위에 차례대로 오른 것인데요. 그러다 제17대 나물왕부터 김씨가 왕위를 독점했습니다. 신라의 마지막 왕인 경순왕도 김씨였죠. 그러나 경순왕에 앞서 견훤에게 죽임을 당했던 경애왕과 그의 형 경명왕, 그들의 아버지 신덕왕은 모두 박씨였습니다. 김씨에게 어떤 일이 있었던 걸까요? 견훤이 경애왕이 있던 포석정까지 몰래 잠입할 수 있었던 배경은 무엇이었을까요?

당대 신라에는 김씨와 박씨 간에 왕위 투쟁이 벌어지고 있었습니다. 김씨가 왕위를 쥔 박씨를 몰아내기 위해 견훤과 손을

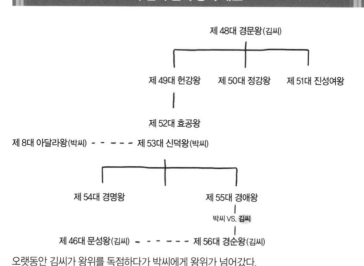

**후반기 신라 왕의 계보**

제 48대 경문왕(김씨)

제 49대 헌강왕　　제 50대 정강왕　　제 51대 진성여왕

제 52대 효공왕

제 8대 아달라왕(박씨) － － － － 제 53대 신덕왕(박씨)

제 54대 경명왕　　　　제 55대 경애왕

박씨 vs. **김씨**

제 46대 문성왕(김씨) － － － － － 제 56대 경순왕(김씨)

오랫동안 김씨가 왕위를 독점하다가 박씨에게 왕위가 넘어갔다.

　　　　　　　아홉 번째 편지

잡았을 것으로 추측됩니다. 김씨와 박씨 간 왕위 투쟁의 경위는 이러합니다. 김씨인 제52대 효공왕 다음으로 박씨인 신덕왕이 912년에 왕위에 올랐습니다. 진평왕 이후 300여 년 만에 박씨가 다시 왕이 되었는데요. 당시 신라 내부는 어려웠고 외부에서는 후백제와 후고려가 건국되면서 치열한 후삼국시대가 열리고 있었습니다. 이렇게 혼란한 시기에 기존의 왕권은 무너질 수밖에 없었고 대안으로 박씨 왕조가 등장하게 된 것입니다. 하지만 다른 성씨가 왕이 된다고 얼마나 상황이 달라졌겠습니까. 신덕왕도 이미 기우는 신라의 상황을 반전시키기에는 역부족이었습니다.

## 경명왕의 천하삼분지계

917년에 신덕왕이 죽고 그의 아들 경명왕이 다음 왕이 되었습니다. 이 무렵 후삼국 정세에 큰 변화가 일어났습니다. 918년에 왕건이 궁예를 몰아내고 고려를 세운 것입니다. 신라에 적대적이었던 궁예가 물러나자 경명왕은 신라가 새로 살길을 생각해 냈습니다. 이른바 '천하삼분지계天下三分之計'. 천하를 셋으로 균형을 맞춰 후일을 도모하자는 계책입니다.

천하삼분지계는 중국의 지략가 제갈량이 시도한 계책으로 유명해졌습니다. 조조의 위나라, 손권의 오나라에 비해 약했던 촉나라의 유비가 제갈량의 누추한 집을 찾아가 삼고초려를 하며 타개할 방법을 물었습니다. 이에 제갈량은 위나라, 오나라, 촉나라의 삼국을 정립하는 형세로 만든 뒤 서로 견제하여 균형을 맞추고 후일을 도모하라는 방책을 알려 주었습니다.

경명왕의 천하삼분지계에서 세 나라는 후백제와 고려, 신라가 되겠죠. 신라는 유비의 촉나라처럼 다른 나라에 비해 약했습니다. 경명왕은 이 문제를 해결하고자 경상남도 창원 봉림사의 진경대사 심희를 불러들였습니다. 그는 주관이 뚜렷한 승려였습니다. 왜 중국으로 유학을 가지 않느냐는 질문에 이미 여러 선승이 중국에서 달마와 혜가의 선종을 배워왔거늘 굳이 또 유학을 갈 필요가 있겠느냐고 되물을 정도로 단호했습니다. 그런데도 심희의 가르침을 받기 위해 많은 이가 모였다고 합니다.

심희는 경명왕에게 '이국안민지술理國安民之術, 나라를 다스리고 백성을 편안하게 다스리는 방책'을 건의했습니다. 일단 새로 세워진 후백제와 고려를 정식으로 인정하고 옛 신라의 경상도를 지켜 세 나라의 균형을 맞추는 방책이었습니다. 이국안민지술은 경명왕이 직접 지은 심희의 비문에 나옵니다. 이국안민지술의 구체적인 방안이 천하삼분지계였을 것으로 추정됩니다. 승려들의 비문에는 보통 스님의 출생부터 입적까지 생애와 업적을 기록하는데, 왕이 직접 스님의 비문을 지은 예는 이제껏 없었습니다. 얼마나 두 사람이 가깝게 지냈는지 알 수 있는 대목이죠.

경명왕과 심희의 천하삼분지계는 심희가 일찍 생을 마감하며 차질을 빚게 되었으나 경명왕은 오히려 박차를 가했습니다. 924년 4월 1일, 봉림사에 심희의 비석을 세우고 이례적으로 비

### 봉림사 진경대사 보월능공탑

심희는 경명왕에게 삼국의 균형을 맞추는 이국안민지술을 건의했다. 국립중앙박물관 야외 정원에 전시되어 있다.

문을 친히 지었습니다. 같은 해 4월 15일, 강원도 영월 흥녕사 징효대사 절중의 비문은 최인연에게 짓게 명합니다. 그리고 유학자 최치원이 후삼국시대 혼란기를 맞아 예전에 비문만 쓰고

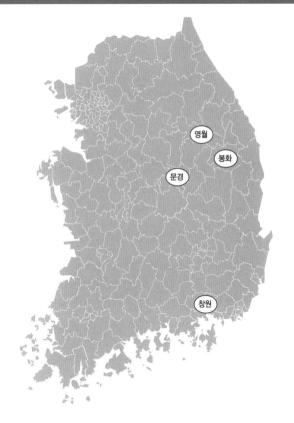

**선종 9산문 중 경명왕이 세운 네 곳의 불사**

창원 봉림산문의 봉림사, 문경 희양산문의 봉암사, 영월 사자산문의 흥녕사, 봉화 사굴산문 소속의 태자사 네 곳을 이으면 옛 신라의 영토와 비슷하다.

막상 비석은 세우지 못했던 경상북도 문경 봉암사 지증대사 도헌의 탑비를 924년 6월에 경명왕이 세웠습니다. 경상북도 봉화 태안사의 낭공대사 행적의 비문도 쓰게 했습니다.

이렇게 경명왕은 924년에 선종 9산문 중 창원 봉림산문의 봉림사, 영월 사자산문의 흥녕사, 문경 희양산문의 봉암사, 봉화 사굴사문 소속의 태자사 네 지역에 동시다발적으로 불사를 일으켰습니다. 갑자기 곳곳에 불사를 일으킨 의도는 무엇이었을까요? 바로 네 곳을 선으로 이으면 옛 신라의 영역이 되기 때문입니다. 봉림산문은 후백제와의 경계 지역, 사자산문과 사굴산문 소속의 태자사는 고려와의 경계 지역, 희양산문은 후백제, 고려, 신라의 경계 지역이었습니다. 선종 9산문이란 신라 말기에 형성된 선종 계열의 9개 불교 종파를 이르는 말인데, 경명왕은 옛 신라 지역을 둘러싼 네 곳의 산문과 관계를 맺으며 신라의 권위를 확립하면서 후삼국시대의 틈바구니에서 나라를 보전해 보려던 것이었습니다.

하지만 경명왕의 이러한 노력은 더 이상 나아가지 못했습니다. 진경대사 심희가 일찍 죽고 경명왕도 그해 8월에 젊은 나이로 죽음을 맞이했기 때문입니다. 그래도 경명왕은 그저 무력하기만 했던 경애왕, 경순왕과는 달랐습니다. 직접 비문을 지

을 정도로 학식이 높았으며 천하삼분지계로 멸망을 타개하려

는 시도를 했으니까요.

사람들에게 신라의 멸망은 천 년이라는 오랜 역사를 이어 온 것에 비해 허무하게 기억돼요. 경애왕이 포석정에서 술잔치를 벌이다 후백제 견훤에게 죽임을 당하고 경순왕이 다음 허수아비 왕으로 오르며 멸망으로 치달았다고만 알려져 있죠. 그러나 '계책'으로 나라를 다시 일으키려 한 왕도 있었어요. 바로 경애왕의 형의 경명왕이에요. 경명왕은 '천하삼분지계'로 후백제, 고려와 함께 후삼국시대를 새롭게 열려고 했어요. 신라의 옛 영토를 되찾고자 후백제, 고려, 신라의 경계 지역에 여러 불사를 일으키는 노력을 했죠. 그동안 다소 아쉽게 기억되었던 천 년 역사의 결말이 이번 편지로 좀 더 풍부해지기를 바라요.

열 번째 편지

삼한에서
사국시대로

한의 역사

'한'에는 여러 가지 뜻이 있죠. 한은 우리말로 '크다'는 뜻이에요. 이번 편지에서는 한韓에 대한 역사를 이야기해 볼게요. 바로 훗날 백제, 신라, 가야가 된 삼한에 대한 역사예요. 삼한三韓의 '한' 자가 대한민국大韓民國의 '한' 자이거든요. 돌이켜 보면 우리는 현재 살고 있는 대한민국이라는 나라 이름에 대해 제대로 생각해 본 적이 없는 것 같아요. 대한민국의 '한' 자가 어디에서 왔고, 대한민국이라는 이름에 담긴 의미를 알아보며, 앞으로 남북통일 후 가질 수 있는 새로운 나라 이름도 같이 상상해 봐요.

열 번째 편지

# 삼국통일이 아닌
# 삼한통일

한 나라가 멸망한 뒤 곧바로 새로운 나라가 건국되는 것은 아닙니다. 삼한의 멸망과 삼국의 건국이 그렇습니다. 삼한의 멸망과 삼국의 건국 사이에는 꽤 긴 시간이 있었습니다. 여기서 말하는 삼한은 마한, 진한, 변한 세 지역으로 구성된 연맹체입니다. 이 지역들이 훗날 백제, 신라, 가야가 되었다는 것만 알뿐 삼한이 언제 건국되었고 멸망하였는지는 정확히 알려지지 않았습니다. 백제는 마한의 54개 소국 중 하나였던 백제국伯濟國이 몸집을 키워 마한을 통합한 나라입니다. 신라는 진한

**마한, 진한 변한으로 구성된 삼한**

부여

고구려

옥저

동예

백제국

목지국

진한

마한

사로국

변한

구야국

마한은 백제로, 진한은 신라로, 변한은 가야로 통합되었다.

의 12국 중 하나인 사로국이 발전하여 진한을 통합하며 세워졌습니다. 변한의 12국 중 반로국은 대가야가 되었고 구야국은 금관가야가 되어 변한을 통합했습니다. 그리하여 마한, 진한, 변한은 기원후 3~4세기에 걸쳐 차례로 멸망했습니다.

그런데 우리가 익히 아는 삼국시대의 나라는 고구려, 백제,

신라이며 훗날 신라가 삼국통일을 이뤘다고 배웠습니다. 하지만 이 내용은 정확하다고 할 수 없습니다. 신라는 고구려의 영토였던 평양 이북을 차지하지 못했기 때문입니다. 그래서 마한, 변한을 통일했다는 말이 좀 더 정확합니다.

그런데 『삼국유사』에 인용된 통일신라시대의 유학자 최치원의 말에 따르면 삼한이 곧 삼국이며 마한은 고구려, 변한은 백제, 진한은 신라라고 언급되어 있습니다. 최치원은 왜 고구려를 마한으로 본 것일까요?

삼한의 마한, 진한, 변한이라는 이름이 처음 등장한 역사책은 중국의 『삼국지』입니다. 양나라 역사서 『양서』에서도 마한, 진한, 변한을 삼한으로 부르고 있습니다. 중국 역사서에는 마한을 중국인 기자가 세운 기자조선의 후예 준왕이 기원전 2세기에 위만조선에 밀려 한반도 남쪽으로 내려와 세운 나라처럼 서술하고 있습니다. 그러나 마한은 준왕이 오기 전에 이미 존재하고 있었습니다. 마치 단군이 세운 조선을 중국인 기자가 세운 조선이라고 왜곡하는 것과 비슷한 일입니다. 중국은 마한을 기자조선의 전통을 이어받은 나라라고 생각하며, 나중에는 고구려까지 마한이었다고 주장하며 삼한에 슬그머니 끼워 넣기 시작했습니다.

반면 견훤은 마한을 백제의 시초로 보았습니다. 『삼국사기』의 「견훤전」에는 이런 구절이 나옵니다.

내가 삼국의 시초를 찾아보니, 마한이 먼저 일어난 후 대대로 발흥하였고 진한과 변한이 그를 뒤따라 일어났다. 이에 백제가 금마산에서 개국하였다.

—『삼국사기』 권 제50 「열전 제10」 견훤

신라는 백제의 땅을 전부 차지했지만 고구려의 땅은 일부만 차지하였습니다. 고구려의 도읍 평양도 점령하지 못했죠. 그러니 신라의 통일은 삼국통일 아닌 백제와 가야를 통일한 '삼한통일'이었던 것입니다.

## 삼국시대가 아닌
## 고구려와 삼한시대

이렇듯 입장에 따라 해석이 달라질 수밖에 없는 이유는 삼한의 실체가 모호하기 때문입니다. 과거 중국에서는 삼한을 우리가 뜻하는 바와 달리 우리나라 전체를 지칭할 때 자주 쓰던 용

열 번째 편지

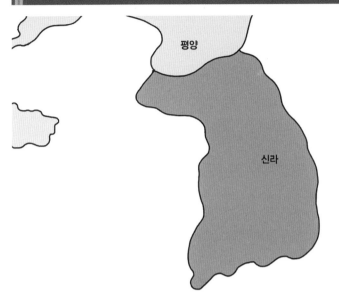

## 신라가 통일한 영토

평양

신라

신라가 평양 이북의 고구려 땅을 차지하지 못했기에 삼국통일이 아닌 삼한통일이다.

어였습니다. 신라의 통일을 삼국통일이라고 표현하게 된 것도 사실 근래에 정해진 일입니다.

그러면 기존에 삼국시대라고 부르던 시대를 무슨 시대라고 불러야 할까요? 삼한시대라고만 부르기에는 삼한에 고구려가 들어가 있지 않고, 그렇다고 삼국시대라고 칭하기에는 가야가 빠져 둘 다 적절하지 않습니다. 둘을 아우를 수 있는 '고구려와 삼한시대'라고 부르면 어떨까요. 삼한은 훗날 백제, 신라, 가야

세 나라로 발전했습니다. 『삼국유사』의 「왕력」에는 신라, 고려고구려, 백제뿐 아니라 가락가야도 있습니다. 엄연히 삼국이 아닌 사국을 언급하고 있죠. 그러니 가야를 포함할 수 있는 삼한과 고구려를 합쳐 고구려와 삼한시대, 또는 사국시대라고 부르면 좋겠습니다.

이렇게 대한민국의 '한'의 역사는 무척 길었습니다. 삼한의 '한'은 대한제국, 대한민국이라는 나라 이름으로 이어졌습니다. '한'은 처음에는 한반도 남부를 통칭하는 말이었지만, 나중에는 고구려까지도 포함하는 의미로 쓰이며 우리나라 전체를 상징하게 되었습니다. 그렇게 '대한大韓'이란 나라 이름은 어떤 지역을 특정하는 것이 아닌 우리나라 역사의 모든 나라를 아우르는 의미를 갖게 된 것이죠.

아마 훗날 남북통일이 된다면 새로 짓게 될 나라 이름의 후보에도 이 '한' 자가 들어갈 수도 있을 것 같습니다. 설레는 마음으로 통일된 나라의 이름을 상상해 본다면 조선, 대한도 있겠고 영문 국호와도 발음이 비슷한 고려도 있습니다. 개인적으로는 고려와 함께 한글이라는 나라 이름도 제안해 봅니다.

우리는 지금까지 신라의 삼국통일을 고구려, 백제, 신라의 통일로 알고 있었어요. 그런데 사실 신라는 고구려 영토의 일부만 차지했기 때문에 고구려, 백제, 신라를 모두 통일했다고 말하기는 어려워요. 그래서 삼국통일 대신 '삼한통일'이라는 표현을 썼어요. 삼한은 마한, 진한, 변한을 이르며 각각 훗날 백제, 신라, 가야가 되죠. 그러므로 이 시대를 '고구려와 삼한시대'라고 부르는 거예요. 『삼국유사』의 「왕력」에도 신라, 고구려, 백제, 가야까지 사국을 언급하고 있죠. 그러니 고구려, 백제, 신라, 가야를 모두 포함한 '사국시대'라고 부르는 것도 좋겠네요.

# 가야의 멸망과
# 김유신 가문의 등장

멸망한 가문의 반전

오래전에 한 나라가 멸망했어요. 그런데 그 나라를 멸망 시킨 나라에서 멸망한 나라의 한 가문이 다시 일어나 조국에서 얻었던 영예보다 더한 영광을 얻게 돼요. 무려 그 나라가 멸망할 때까지요. 무슨 소설에나 나올 법한 극적인 이야기죠. 이번 편지의 주인공은 바로 그 극적인 삶을 산 인물이에요. 가야 출신이었지만 신라에서 태어나 신라 역사상 큰 존재감을 남겼는데요. 그 주인공은 누구일까요?

열한 번째 편지

# 삼국시대에서 빠진
## 가야

　나라의 이름도 군신도 칭호도 없던 어느 시절이었습니다. 어디선가 이상한 예언의 소리가 들렸습니다. "거북아, 거북아, 머리를 내밀어라. 내밀지 않으면 구워서 먹으리라"라고 노래를 부르면 왕을 맞이하게 되어 기뻐하며 춤을 추게 될 것이라는 예언이었습니다. 그래서 사람들은 정말로 그 가사로 노래를 불렀습니다. 그러자 하늘에서 황금 상자 하나가 내려왔습니다. 그 상자를 열어 보니 황금알 6개가 들어 있었습니다. 곧이어 알을 깨고 6명의 아이가 태어났습니다. 여섯 중 가장 처음 머리를 내밀고 태어난 아이의 이름을 '수로首露'라고 지었습니다. 수로는 훗날 금관가야의 수로왕이 되었습니다. 뒤이어 차례로 태어난 다섯 형제도 각기 다른 가야의 왕이 되었습니다.

이 건국신화에서 알 수 있듯이 가야는 하나의 나라가 아닌 여러 독립된 나라로 구성되어 있었습니다. 이렇게 가야의 건국신화는 거북이를 부르는 노래와 함께 지금까지도 제법 상세하게 구전되었습니다. 그러나 건국신화가 유명한 것과 달리 가야의 멸망에 대해서는 잘 알려져 있지 않습니다. 수로왕의 후손이었던 김유신 장군이 훗날 신라에서 크게 이름을 떨쳤다는 것 정도만 알려져 있죠.

견훤이 백제를 이어받아 후백제를 세우고 궁예가 고구려의 고려를 이어받아 후고려를 세웠습니다. 그렇다면 가야를 이어받은 후가야는 없었을까요? 아마 후가야라는 말은 들어 보지 못했고 그런 질문을 가져 본 적도 없었을 것입니다. 우리가 이러한 의문을 갖지 않았던 이유는 가야의 특수한 국가 형태 때문입니다. 가야는 여러 부족이 모여 형성된 연맹 국가였습니다. 통합된 한 나라라기보다는 여러 지역공동체로 구성된 나라였죠. 그래서 고구려, 백제, 신라와 함께 삼국시대에 묶이지 못했습니다. 그런데 꼭 하나로 통합되어야만 나라로 인정받을 수

가야는 여러 지역공동체가 모여 형성된 연맹 국가였다.

있는 것일까요? 가야 같이 지역공동체 연맹 국가도 정식 국가
로 인정해 줄 수 있지 않을까요.

　가야를 이루는 여러 지역공동체 중 대표적인 곳은 김해의 금
관가야, 고령의 대가야입니다. 둘 다 신라에 멸망하였는데 양
상은 전혀 달랐습니다. 먼저 멸망한 나라는 금관가야였습니다.
금관가야의 마지막 왕은 구형왕이었습니다. 그는 일찌감치 신
라에 맞설 수 없다고 판단하여 왕비와 세 아들을 데리고 가서

532년에 항복하였습니다. 신라 법흥왕 때였습니다. 신라는 이들을 예우하여 벼슬을 주었고 금관가야 왕족들은 자연스레 신라의 귀족에 편입되었습니다. 특히 구형왕의 아들 김무력이 신라에서 공을 세웠는데, 그의 손자가 바로 통일에 크게 기여한 명장 김유신이었습니다.

대가야의 마지막 왕은 도설지왕이었습니다. 대가야는 신라 진흥왕 때 금관가야보다 조금 늦은 562년에 멸망했습니다. 그러나 대가야는 금관가야와 다르게 끝까지 저항했습니다. 하지만 신라의 화랑 사다함이 전투에서 크게 활약하며 승리를 거두자 대가야는 휘청이면서 결국 항복했습니다. 신라는 끝까지 격렬히 저항했던 대가야보다 금관가야를 우호적으로 대했죠.

# 신라에서 출세한 가야인

다시 금관가야로 돌아가서 김유신의 이야기를 조금 더 해 보겠습니다. 김유신은 금관가야의 마지막 왕 구형왕의 셋째 아들 김무력의 손자입니다. 김무력 장군은 신라 제24대 진흥왕 때 크게 활약했습니다. 진흥왕은 고구려에 맞서려고 백제 성왕과 손을 잡았던 때가 있었습니다. 신라는 고구려가 백제를 칠 때 원군을 보내 주며 연합했습니다. 고구려의 한강 유역을 공격하며 상류는 신라가, 하류는 백제가 차지하기로 약속했죠. 그런데 진흥왕이 백제와 나눠 갖기로 한 한강 하류까지 통째로 독차지해 버립니다. 진흥왕의 배신에 분노한 성왕은 아들 창에게 신라를 공격하라고 명하여 관산성전투가 벌어집니다. 성왕은 관산성으로 싸우러 간 아들을 응원하러 가던 도중 신라의 매복에 걸립니다. 이때 활약하던 신라의 장군이 바로 김무력입니다. 백제는 대패하였고 성왕은 포로로 잡혀 전사했습니다. 진흥왕의 완전한 대승이었죠.

진흥왕이 모든 한강 유역을 차지한 것을 기념하여 북한산 비봉에 세운 진흥왕순수비에도 김무력의 이름이 보입니다. "사훼 무력지 잡간"이라 적었는데, 사훼는 신라 6부의 하나이고 무력지는 김무력을 말합니다. 잡간이란 신라 17관등 중 3등급에 해당하는 고위직입니다. 한강 유역을 점령하는 데 김무력의 활약이 컸음을 알 수 있는 대목이죠.

그렇게 김무력의 집안은 신분 상승을 꾀하며 세력을 키워 나갔습니다. 그 일환으로 김무력의 아들 김서현이 진흥왕의 동생인 숙흘종의 딸 만명과 결혼하며 신라에서 가문의 기틀을 공고히 다졌습니다. 숙흘종은 처음에는 둘의 결혼을 반대하였다고 합니다. 딸을 별채에 가둬 둘 정도로 완강했죠. 그러던 어느 날 별채에 갑자기 벼락이 쳤고 집안사람이 우왕좌왕하던 사이 김서현과 만명은 충청북도 진천으로 사랑의 도피를 했습니다. 그렇게 태어난 아들이 바로 김유신입니다. 그래서 진천에는 김유신과 관련된 유적이 많이 남아 있습니다.

김유신은 신라와의 관계를 더욱 돈독히 하기 위해 여동생 김문희를 김춘추와 결혼시켰습니다. 김춘추는 진지왕의 손자로

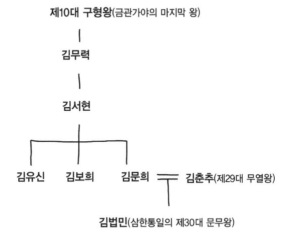

**김유신 가문의 계보**

제10대 **구형왕**(금관가야의 마지막 왕)

**김무력**

**김서현**

**김유신**　　**김보희**　　**김문희** ━ **김춘추**(제29대 무열왕)

**김법민**(삼한통일의 제30대 문무왕)

금관가야 출신의 김유신 가문은 신라에서 기틀을 공고히 다졌다.

제29대 무열왕이 됩니다. 그리고 둘 사이에 태어난 아들이 훗날 삼한을 통일하게 되는 문무왕입니다. 이렇게 김유신 가문은 삼한통일을 이루는데 큰 공을 세우고 결국 신라의 왕까지 배출했으니, 금관가야는 비록 멸망했지만 그 후손은 나라를 다시 세운 것과 같은 큰일을 이룬 셈입니다.

## 김유신 가문의 쇠락과 재등장

그러나 언제나 영원한 권세란 없습니다. 김유신이 죽고 나서 200년 후 혜공왕 때의 일입니다. 김유신의 무덤을 둘러싸고 기이한 회오리가 일더니 그의 모습을 한 어떤 사람이 갑옷을 입은 무사들과 함께 말을 타고 죽현릉으로 들어갔다는 것입니다. 죽현릉은 김씨 왕 중에 가장 처음으로 왕위에 올랐던 미추왕의 묘입니다. 잠시 후 죽현릉에서 무언가 호소하는 듯한 소리가 크게 들렸습니다.

신은 평생에 난국을 구제하고 광합통일한 공이 있습니다. 지금은 혼백이 되어 나라를 진호하여 재앙을 없애고, 환란을 구제하는 마음을 잠시도 가벼이 하거나 바꾸지 않았습니다. 지난 경술년770년에 신의 자손이 죄도 없이 죽음을 당하였으니 군신들이 저의 공훈을 생각지 않습니다. 신은 다른 곳으로 멀리 가서 다시는 힘쓰지 않으려니 왕께서 허락하여 주십시오.

— 『삼국유사』 권 제1 「기이 제1」 미추왕 죽엽군


소식을 들은 혜공왕은 김유신 무덤에 사과하고 그 덕을 기리며 명복을 빌게 하였습니다. 『삼국사기』는 신라의 역사를 크게 세 시대로 나눕니다. 박혁거세부터 진덕여왕까지를 상대기원전

**십이지신상 중 말과 토끼**

김유신의 묘 추정지에서 출토되었다. 국립중앙박물관 통일신라실에 전시되어 있다.

열한 번째 편지

57~654년, 무열왕부터 혜공왕까지를 중대654~780년, 선덕왕부터 경순왕까지를 하대780~935년로 구분합니다. 김유신 가문은 중대가 끝나가는 무렵부터 쇠락의 길을 걸었습니다.

제37대 선덕왕이 혜공왕을 죽이고 왕위에 오르면서 신라의 하대가 시작됩니다. 선덕왕이 후사가 없이 죽음을 맞이하면서 혜공왕 시기에 공을 세웠던 김경신이 원성왕으로 다음 왕위에 올랐습니다. 하대를 이끌었던 대부분의 왕은 원성왕의 후손이었습니다. 그렇다고 김유신 가문이 영영 잊힌 것은 아니었습니다. 후삼국시대 제54대 경명왕 때 다시 한번 존재감을 발휘하는데요. 아홉 번째 편지에서 전한 이야기입니다.

경애왕이 포석정에서 술을 마시다 견훤에게 죽임을 당한 뒤 이어 왕위에 오른 마지막 왕 경순왕은 왕건에게 항복했습니다.

## 신라 역사의 시대 구분

상대(기원전 57~654년)   중대(기원전 654~780년)   하대(기원전 780~935년)

박혁거세        진덕여왕 | 무열왕        혜공왕 | 선덕왕        경순왕

『삼국사기』에 따라 세 시대로 구분된다. 김유신 가문은 중대가 끝나는 무렵부터 쇠락하기 시작했다.

신라의 말로가 허망했지만 경애왕의 형이었던 경명왕은 조금 달랐습니다. 신라의 멸망을 막으려고 최선을 다했죠. 창원 봉림사의 진경대사 심희와 함께 천하삼분지계로 신라가 살아남을 수 있는 방도를 모색했습니다. 그러나 923년에 심희가 먼저 죽자 다음 해에 봉림사에 심희의 비석을 세우고 직접 비문을 작성했습니다. 같은 해 영월 흥녕사의 징효대사 절중의 비문을 쓰게 하고, 문경 봉암사의 지증대사 도헌의 비석을 세우고, 봉화 태자사의 낭공대사 행적의 비문을 짓게 하는 등 불교계의

봉림사 진경대사 보월릉공탑비 비문의 "여제余製"

'나 여'와 '지을 제'가 합쳐진 말로 경명왕이 심희의 비문을 직접 지었다는 뜻이다.

도움을 받아 신라를 보전하려고 최선을 다했습니다. 그러나 아쉽게도 같은 해인 924년에 젊은 나이로 죽음을 맞이하며 그 뜻을 펼치지 못했습니다.

경명왕이 직접 지은 심희의 비문에는 심희가 '임나왕족'이며 먼 조상은 '흥무대왕'이라고 설명하고 있습니다. 임나는 가야를 칭하는 말이며, 흥무대왕은 김유신을 대왕으로 추존한 칭호입니다. 심희의 비석이 세워진 창원과 옛 금관가야였던 김해는 바로 옆에 붙어 있습니다. 경명왕은 가야의 왕족인 심희와 함께 옛 가야계의 도움을 필요로 했던 것 같습니다. 그래서 김유신을 대왕으로 추봉하고 비문을 직접 쓴 것이죠.

옛 가야를 구성하던 나라들은 낙동강 좌우로 분포했습니다. 봉암사 지증대사 도헌의 비석이 있는 문경은 낙동강 유역에 포함됩니다. 비석에 쓰인 돌도 남해 여미현전라남도 화순에서 낙동강을 거쳐 운반해 온 것입니다. 경명왕의 속내는 흩어진 가야 세력들을 규합해 후가야를 부활시키려던 것일 수도 있습니다. 이 세력들이 외곽에서 신라를 지켜 주는 역할을 해 주기를 바라면서요.

금관가야와 대가야는 모두 신라에 멸망했습니다. 멸망의 순간에 어떤 선택이 더 나았다고 생각하나요? 대가야처럼 끝까지

## 봉암사 지증대사탑비

경명왕은 비석을 전남 화순에서 낙동강으로 운반하여 낙동강 유역의 옛 가야 세력을 부활시켜 신라를 지키려고 했던 것 같다.

저항하는 것? 금관가야처럼 어차피 질 상황이니 빠르게 나라를 넘겨 적국과 우호 관계가 되는 것? 김유신 가문을 살펴보면 인생이란 정말 예측 불허라는 것을 느끼게 됩니다. 김유신은 조국을 망하게 한 신라에서 가장 혁혁한 공을 세웠습니다. 또 세월이 아주 오래 지나 신라가 멸망할 무렵 가야 출신의 흥무대왕으로 추존될 줄은 누구도 예상하지 못했을 것입니다.

신라의 김유신은 금관가야의 후손이었어요. 금관가야는 일찌감치 신라에 항복하여 멸망한 나라였죠. 김유신의 할아버지 김무력은 신라가 고구려의 한강 유역을 차지하고, 백제와의 관산성전투에서 성왕을 전사시키는 데 공을 세웠어요. 후손인 김유신도 삼한통일의 큰 공을 세웠고, 그의 후손은 신라의 왕위에 앉기까지 했죠. 그렇게 김유신 가문은 멸망한 조국을 다시 세운 것과 같은 부귀영화를 누려요. 물론 신라 중대가 끝나 가는 시기에 쇠락하기는 했지만, 훗날 멸망을 타개하기 위해 옛 가야 세력의 도움이 필요했던 경명왕은 김유신을 흥무대왕으로 추봉하며 큰 전기를 맞았어요. 멸망한 나라의 왕족 출신이 멸망시킨 나라의 중요한 순간에 가장 혁혁한 공을 세우게 된 셈이에요. 참 아이러니하죠.

# 다시 그리는
# 박물관 연표

관점의 전환이 필요하다

자, 이제 여러분에게 전하는 마지막 편지네요. 열두 번째 편지에서는 지금까지 열한 통의 편지로 전한 멸망과 건국의 이야기로 새로운 한국사 연표를 만들어 보려고 해요. 건국과 멸망이 아닌 '멸망과 건국'의 관점으로 다시 그린 연표는 과연 어떤 모양일까요? 함께 연표를 그리며 지금까지 살펴본 계승의 역사를 차근차근 정리해 봐요.

열두 번째 편지

# 계승의 관점으로
# 다시 그리는 연표

　우리나라 역사에는 무수한 건국과 멸망이 있었습니다. 그러나 흔히 사용되는 건국과 멸망이라는 표현은 단 한 나라의 시작과 끝만 떠올리게 해 다음 역사를 생각할 수 없게 만드는 아쉬움이 있습니다. 반면 단어의 순서만 바꾼 '멸망과 건국'이라는 표현은 다릅니다. 한 나라가 멸망한 뒤 세워진 그다음 나라를 자연스럽게 떠올리게 해 훨씬 폭넓게 역사를 바라볼 수 있도록 도와주죠. 이렇게 우리 역사를 '계승'의 관점으로 해석하면 5,000년 역사가 단절되지 않고 끊임없이 이어져 지금까지

왔다는 사실을 느낄 수 있습니다. 이러한 관점은 한국사를 중국사에 편입시키려는 중국의 동북공정에 대응할 수 있는 좋은 방법이기도 합니다.

최초의 고조선부터 지금의 대한민국까지 우리나라 역사는 멸망과 건국의 연속이었습니다. 고조선이 멸망하고 부여와 고구려 등 여러 나라가 나뉘어 건국되기도 하였고, 하나의 나라로 통일되는 과정에서 여러 나라가 멸망하기도 했습니다. 여러 나라가 생기고 사라지는 과정의 반복이었죠.

멸망과 건국의 연도를 모두 정확히 알 수는 없습니다. 삼한의 마한, 진한, 변한이 정확히 언제 건국되고 멸망했는지 알 수 없습니다. 고구려와 발해의 건국 연도와 대한민국임시정부의 존속 기간은 기록마다 달라서 어떤 연도로 보는 것이 맞는지 논란이 있습니다. 그리고 한 나라가 멸망했다고 그 나라의 흔적이 아예 사라지는 것도 아닙니다. 멸망으로 저문 나라의 이름을 다른 나라가 이어 사용하기도 했고, 계승하고자 하는 나라의 멸망 연도를 새 나라의 건국 연도와 맞추어 연속성을 강조하기도 했습니다.

그러면 지금부터 열한 통의 편지로 나눴던 멸망과 건국의 관점으로 국립중앙박물관 연표를 다시 그려 보겠습니다.

열두 번째 편지

# 고조선의 멸망과
# 고구려의 건국

    2025년 2월 15일 재개관 이후로는 사라졌지만 과거 국립중앙박물관 선사·고대관 입구에는 고조선부터 대한민국까지의 전체 연표가 붙어 있었습니다. 이 연표에 따르면 고조선은 기원전 2333년에 건국되어 기원전 108년에 멸망한 것으로 표기되어 있습니다. 고조선이 멸망한 후 여러 나라로 이어지는데

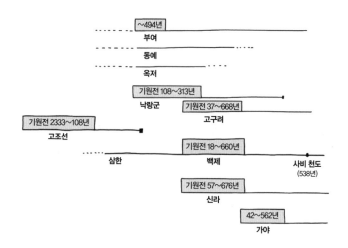

고조선이 멸망 후 한나라의 낙랑군으로 이어진 것처럼 보인다.

연표상 가장 가깝게 이어지는 것은 중국의 한나라가 세웠던 낙랑군입니다. 아마 낙랑군의 설치 연도가 기원전 108년이어서 시기상 고조선의 멸망 연도와 같기 때문에 이렇게 표시한 것 같습니다.

그러나 낙랑군이 고조선을 '이어 갔다'고 말할 수는 없습니다. 고조선을 계승한 나라는 고구려입니다. 연표상 고구려는 낙랑보다 조금 뒤인 기원전 37년부터 시작하는 것으로 표시되어 있습니다. 기원전 37년은 『삼국사기』에 근거한 연도입니다. 하지만 『삼국사기』의 다른 부분에는 고구려의 건국을 기원전 2세기 즈음으로 좀 더 빠르게 보기도 합니다. 신라 문무왕이 670년에 고구려의 왕족인 안승을 왕으로 임명한 일을 기록한 부분에서 고구려의 건국 연도를 기원전 101~200년으로 유추할 수 있기 때문입니다.

『삼국사기』뿐만 아니라 『제왕운기』에도 기원전 37년과 기원전 107년을 고구려의 건국 연도로 함께 기록하고 있습니다. 그리고 『삼국유사』에는 고구려를 건국한 주몽을 단군의 아들로 소개하며 고조선과 고구려의 계승 관계를 강조하고 있습니다. 그러므로 기존 연표에서 고구려의 건국 연도를 기원전 2세기107년로 수정한다면 고조선과 고구려의 계승 관계를 강조할

　　　　　　　　　　　　　열두 번째 편지

| 기원전 2333~108년 | 기원전 107~668년 |
|---|---|
| 고조선 | 고구려 |

고구려의 건국 연도를 107년으로 수정하면 고조선과 고구려의 계승 관계를 강조할 수 있다.

수 있을 것입니다.

# 고구려의 멸망과
# 발해의 건국

다음으로 살펴볼 부분은 고구려의 멸망과 발해의 건국입니다. 다음 페이지에 나와 있는 2024년까지의 연표에는 668년에 고구려가 멸망했고, 676년에 통일신라가 시작되었으며, 698년에 발해가 건국되어 있다고 쓰여 있습니다. 그러나 『삼국사기』에는 고구려가 668년에 멸망했지만 고구려 부흥 세력이 670년에 한성 고구려를 세우고 이어 금마로 내려가 나라 이름을 보덕국으로 바꾸며 683년까지 존속했다고 나와 있습니다.

발해의 건국 연도도 다시 검토할 필요가 있습니다. 발해의 건국 연도는 기록마다 조금씩 다르지만 일본의 역사서는 698

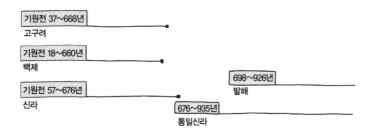

2024년까지의 고구려의 멸망과 발해의 건국 연표

| 기원전 37~668년 | |
| 고구려 | |

기원전 18~660년
백제

기원전 57~676년
신라

698~926년
발해

676~935년
통일신라

고구려 멸망 후 고구려 부흥 세력의 보덕국 건국이 누락되어 있다.

년, 중국의 역사서는 698~699년, 우리의 역사서인『삼국유사』
는 678년,『제왕운기』는 684년이라고 기록하고 있습니다.『제
왕운기』는 발해가 멸망할 때 세자 대광현이 고려로 들고 왔을
것으로 추정되는 역사서를 근거로 684년 건국을 추정하고 있
으며,『고려사』는 대광현이 고려에 귀부한 925년을 멸망 연도
로 기록하고 있습니다. 그러나『요서』등 중국의 기록은 발해
의 멸망을 926년이라고 쓰고 있습니다.

따라서 고구려와 발해의 연표를 고구려기원전 107~668년 – 보덕
국670~683년 – 발해684~925년로 수정하여 세 나라가 계승되었다는
것을 보여 주면 좋겠습니다. 기존 연표로는 발해가 고구려를
계승하여 세워진 나라라는 것을 알기 어렵게 표시되어 있어 아

| 기원전 107~668년 | 670~683년 | 684~925년 |
|---|---|---|
| 고구려 | 보덕국 | 발해 |

고구려는 멸망 후 고구려 부흥 세력의 보덕국과 발해로 계승되었다(670년에 건국된 한성 고구려는 보덕국에 포함시켰다. 이하 연표 동일).

쉬움을 줍니다.

# 발해의 멸망과
# 고려의 건국

이번에는 발해 멸망 후 고려의 건국으로 이어지는 부분을 살펴볼까요. 다음 페이지의 기존 연표를 보면 고려가 마치 발해와 통일신라를 이어 건국된 나라처럼 보이게 표시되어 있습니다. 고구려, 백제와는 멀리 떨어져 있어 고구려와 고려가, 백제와 고려가 연관이 있다는 점을 알기 어렵습니다.

궁예가 고구려를 계승하여 후고려를 세운 일, 견훤이 백제를

## 2024년까지의 발해의 멸망과 고려의 건국 연표

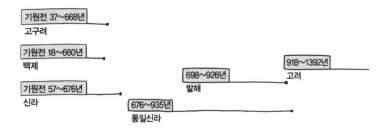

고려가 발해와 통일신라를 잇고 고구려와 백제와는 무관하듯이 그려져 있다.

## 재구성한 발해의 멸망과 고려의 건국 연표

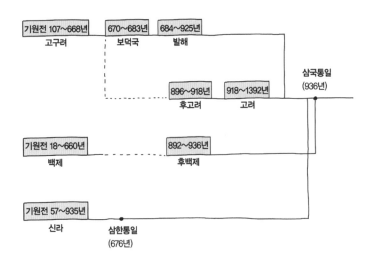

후고려, 후백제, 삼한통일 신라, 발해가 고려로 계승되었다.

열두 번째 편지

계승하여 후백제를 세운 일, 후고려와 후백제가 왕건의 고려로 이어지는 것을 연표로도 알 수 있으면 좋겠습니다. 그리고 신라가 삼국이 아닌 삼한을 통일한 점 또한 정확히 전달해야겠습니다. 그러나 기존 연표에는 후고려와 후백제가 언급조차 되어 있지 않습니다. 따라서 고구려 - 후고려, 백제 - 후백제, 삼한통일 신라, 발해가 모두 고려로 모이는 모양으로 바꾸기를 제안합니다.

## 대한제국의 멸망과 대한민국임시정부와 대한민국의 건국

다음으로 대한제국의 멸망부터 대한민국의 건국까지 대한시대 연표를 살펴보죠. 다음 페이지의 기존 연표에는 대한제국1897~1910년 – 일제강점기1910~1945년 – 대한민국1948년~현재으로 표시되어 있습니다. 그런데 1945년부터 1948년까지 3년의 기간이 비어 있습니다. 또 일제강점기 아래에는 대한민국임시정부1919~1945년라고 쓰여 있습니다. 그러나 1945년 8·15광복 이후에도 대한민국임시정부는 정부의 역할을 자처했습니다. 임시정부는 일제로부터 나라를 빼앗겼을 때 만들어졌는데 정작 나

| 1897~1910년 | 1910~1945년 | 1948년~현재 |
| --- | --- | --- |
| 대한제국 | 일제강점기 | 대한민국 |

- 3·1운동
- 대한민국임시정부
  (1919~1945년)
- 8·15광복(1945년)

대한민국임시정부가 1945년 8·15광복 이후에는 존속하지 않은 것으로 표기되어 있다.

라를 되찾자 연표에서 사라져 버렸네요.

이후 3년의 기간은 어디로 간 걸까요. 대한민국임시정부는 1945년 8·15광복과 함께 없어진 것이 아니라 1948년까지 존속하였다가 대한민국으로 이어졌습니다. 일제강점기에도 있었다고 표시해 놓은 임시정부인데 미군정기에도 존속했다는 것을 밝혀 주면 좋겠습니다. 미군정기는 1945~1948년입니다.

그러므로 지금까지의 내용을 반영해서 '대한제국$^{1897~1919}$년 – 대한민국임시정부$^{1919~1948년}$ – 대한민국$^{1948년~현재}$'을 상단에 굵고 큰 글씨로 표기하고, 그 밑에 일제강점기$^{1910~1945년}$와 미군정기$^{1945~1948년}$를 덧붙이면 좋겠습니다. 우리에게는 일제강점기나 미군정기보다 대한민국임시정부의 역사가 더욱 중요한 의미를 가지니까요.

| 1392~1897년 | 1897~1919년 | 1919~1948년 | 1948년~현재 |
|---|---|---|---|
| 조선 | 대한제국 | 대한민국임시정부 | 대한민국 |
|  | • 일제저항기 | • 미군정기 |  |
|  | (1910~1945년) | (1945~1948년) |  |

대한민국임시정부의 역사를 강조하고 '일제저항기'라는 새로운 용어를 사용했다.

여기에 하나의 의견을 더 얹자면 일제강점기라는 명칭을 우리나라 중심의 표현으로 바꿔 사용하면 좋겠습니다. 일본의 관점을 반영한 일제강점기라는 표현 대신 우리가 나라를 되찾으려던 강한 의지를 되새길 수 있는 '일제저항기' 또는 '대일항쟁기'라는 용어가 더 널리 쓰이길 바라봅니다.

# 고조선의 멸망부터 대한민국임시정부와 대한민국의 건국까지

기원전 2333년 고조선 건국 이래 대한민국임시정부와 대한민국이 건국되기까지 여러 번의 멸망과 건국이 있었습니다. 그 사이에는 중국이나 일본에 멸망하기도 하며 여러 차례 치욕을 겪기도 했습니다. 그렇지만 어느 한순간도 우리 역사는 단절된 적이 없었습니다. 심지어 일제저항기에도 다른 나라에 임시정부를 세우면서까지 조국을 되찾고자 노력했습니다. 그토록 오랜 세월 동안 우리가 끝까지 지키고자 했던 것은 무엇이었을까요. 우리 역사와 나를 지키고자 했던 것이 아닐까요.

저는 기원전 108년에 멸망한 고조선을 이어 고구려가 기원전 107년에 건국되었다는 것을 여러 번 강조했습니다. 대한제국의 멸망 역시 1910년이 아닌 대한민국임시정부가 세워진 1919년으로 보고 있습니다. 임시정부의 존속 기간도 1945년까지가 아니라 1948년까지 보아야 한다고 주장하고 있습니다. 이러한 의견은 일반적인 학계의 주장과 다른 주장이기는 합니다. 그러나 한국사를 단절하지 않고 하나로 잇기 위해 '멸망과 건국'의 관점에서 제시한 견해입니다. 앞으로도 더욱 깊이 있는 후속 연구로 이를 뒷받침하고자 합니다.

마지막 열두 번째 편지를 마무리하며 덧붙이자면 앞선 편지들에서 설명했다시피 고구려는 원래 4~5세기에 고려로 나라 이름을 바꾸었고, 보덕국과 발해도 고려라는 국호를 사용했습니다. 궁예는 고려를 계승하는 의미로 새 나라 이름을 고려라 하였으며, 왕건이 세운 나라도 고려였습니다. 그래서 궁예의 고려를 왕건의 고려와 구분하고자 조선시대까지 후고려로 불

## 두 가지 관점의 한국사 연대

| | 건국과 멸망의 관점 | 멸망과 건국의 관점 |
|---|---|---|
| 고구려 | 기원전 37~668년 | 기원전 107~668년 |
| 발해 | 698~926년 | 684~925년 |
| 후백제 | 900~936년 | 892~936년 |
| 후고려 | 901~918년 | 896~918년 |
| 대한제국 | 1897~1910년 | 1897~1919년 |
| 대한민국 임시정부 | 1919~1945년 | 1919~1948년 |

렸습니다. 현대에는 궁예가 세운 나라를 일반적으로 후고구려라고 하나 '후고려'로 부르는 것이 옳습니다. 지금 우리나라의 영문 국호 코리아도 고려에서 왔습니다. 즉, 우리나라의 역사는 '고려'라는 나라 이름으로 하나 되어 끊임없이 이어져 왔습니다.

지금까지 멸망과 건국의 관점으로 다시 바라본 역사를 반영해 다음 페이지에 한국사 전체 연표를 정리하는 것으로 마치겠습니다.

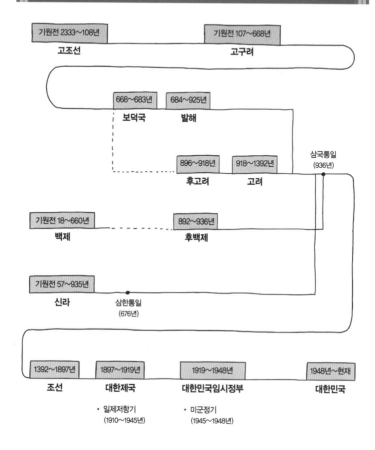

## 멸망과 건국의 관점으로 재구성한 한국사 연표

| | | |
|---|---|---|
| 기원전 2333~108년 | | 기원전 107~668년 |
| 고조선 | | 고구려 |

| 668~683년 | 684~925년 |
|---|---|
| 보덕국 | 발해 |

| 896~918년 | 918~1392년 | 삼국통일 (936년) |
|---|---|---|
| 후고려 | 고려 | |

| 기원전 18~660년 | 892~936년 |
|---|---|
| 백제 | 후백제 |

| 기원전 57~935년 | 삼한통일 (676년) |
|---|---|
| 신라 | |

| 1392~1897년 | 1897~1919년 | 1919~1948년 | 1948년~현재 |
|---|---|---|---|
| 조선 | 대한제국 | 대한민국임시정부 | 대한민국 |
| | • 일제저항기 (1910~1945년) | • 미군정기 (1945~1948년) | |

우리 역사는 어느 한순간도 단절된 적 없이 계승되어 지금에 이르렀다.

열두 번째 편지

뉴스레터 〈나만의 한국사 편지〉는 2021년 초부터 1년 동안 '멸망과 건국' 시리즈로 구독자들에게 한국사를 단절이 아닌 '계승'의 관점으로 바라볼 수 있는 견해를 제시했어요. 그리고 2025년 마침내 『거꾸로 읽는 한국사』로 여러분을 만나게 되었네요. 이제 무심코 지나쳤던 건국과 멸망 연도에 의문을 품고 오랫동안 연구한 것의 의미를 조금은 알게 되셨나요? 마지막 편지에서는 국립중앙박물관 연표를 직접 수정해 보며 멸망과 건국의 역사를 총정리해 봤어요. 기존 연표에서는 고조선에서 고구려로 이어지는 역사가, 고구려에서 발해로 이어지는 역사가, 고구려와 백제가 후고려와 후백제를 거쳐 고려로 이어지는 역사가, 그리고 대한민국임시정부가 대한민국으로 이어지는 역사가 다 따로 단절된 것처럼 느껴져 아쉬움이 컸죠. 이제는 멸망과 건국의 사이, 아무도 주목하지 않았던 그 계승의 역사가 더 많은 사람에게 가닿았길 바라요.

## 사진, 그림 및 인용문 출처

### 사진

27쪽 왼쪽: 동국대학교

62쪽: 국가유산포털.

79쪽: 국립중앙박물관.

104쪽 아래: 국가유산포털.

116쪽: 국립중앙도서관.

127쪽: 독립기념관.

145쪽: 국가유산포털.

168쪽: 국립공주박물관.

169쪽: 국립공주박물관.

170쪽: 국립부여박물관 편저,『백제와전』, 국립부여박물관, 2010.

193쪽 위: 국립중앙박물관.

193쪽 아래: 국가유산포털.

194쪽: 국가유산포털

### 그림

59쪽: 임상선 편,『새롭게 본 발해 유민사』, 동북아역사재단, 2019.

235쪽: 국립중앙박물관.

### 인용문

29~30쪽: 박은식 저, 최혜주 역,『한국통사』, 지식을만드는지식, 2010.

130~131쪽: 이계형 저,『고종 황제의 마지막 특사』, 역사공간, 2007.